Schlagfertigkeit Trainer

Matthias Nöllke

Haufe

Inhalt

Das ist Ihr Nutzen

In brenzligen Situationen das „treffende" Wort zu finden, dumme Sprüche zu parieren und peinliche Situationen zu meistern, darum geht es bei der Schlagfertigkeit. Wenn Sie schlagfertig sind, lassen Sie sich nicht so leicht in Verlegenheit bringen, Sie wissen, wie Sie sich Respekt verschaffen können. Angriffe auf Ihre Person weisen Sie schnell und souverän zurück. Sie gewinnen an Selbstsicherheit und verstehen es Ihre Position zu verteidigen.

Ohne ein Mindestmaß an Schlagfertigkeit fällt es schwer sich zu behaupten, Verhandlungen zu führen oder eine Präsentation zu halten. Schlagfertigkeit ist nützlich, beruflich und privat. Doch kann man Schlagfertigkeit überhaupt lernen? Ist das nicht eher eine Begabungssache? Gewiss haben manche einen Startvorteil, das ändert aber nichts daran, dass Sie Ihre Schlagfertigkeit beträchtlich erhöhen können: durch gezieltes Training und den Rückgriff auf bewährte Techniken.

Dafür ist dieses Buch da. Mit über 50 praktischen Übungen will es Ihnen helfen, dass Sie Ihre persönliche Schlagfertigkeit entwickeln und verbessern. Ganz gleich, ob Sie sich einzelne Übungen herausnehmen oder das ganze Trainingsprogramm absolvieren, am Ende werden Sie vielleicht feststellen: Schlagfertigkeit ist oft nur eine Frage der gründlichen Vorbereitung.

Matthias Nöllke

Grundlagentraining: Nie wieder sprachlos

Mit dem Grundlagentraining gelingt es Ihnen,

- sich von der inneren Blockade zu lösen,
- Ihre Körpersprache zu verbessern,
- dummen Sprüchen zu begegnen,
- in brenzligen Situationen auf Allzwecksätze zurückzugreifen und
- mit einfachen sprachlichen Tricks die persönliche Würde zu bewahren.

Darum geht es in der Praxis

Schlagfertigkeit ist eine Verteidigungswaffe. Mit ihr sollen Sie sich gegen unfaire Attacken und hämische Kommentare zur Wehr setzen. Meist verschlägt es uns in solchen Situationen die Sprache, vor allem wenn wir auf diese Angriffe nicht vorbereitet sind. Das geht nicht nur Ihnen so; auch sehr schlagfertige Menschen fühlen sich manchmal so überrumpelt, dass ihnen nichts mehr einfällt.

Dreh- und Angelpunkt für unser Verständnis von Schlagfertigkeit ist daher die unangenehme Situation, in der Sie sich befinden, weil Ihnen die passenden Worte fehlen, und aus der Sie mit Hilfe von ganz einfachen Techniken wieder herausfinden können. Sie bleiben nicht sprachlos, sondern bewahren Ihre Souveränität.

Das ist der Beginn von Schlagfertigkeit: die Gewissheit, dass Ihnen auch in heiklen Situationen eigentlich nicht viel passieren kann, dass Sie nicht Opfer, sondern stets Herr der Lage sind. Wenn Sie sich diese Haltung antrainieren, tun Sie weit mehr für Ihre Schlagfertigkeit, als wenn Sie nach zündenden Pointen und lockeren Sprüchen Ausschau halten, die Sie bei passender Gelegenheit anbringen wollen. Damit blockieren Sie sich eher. Am Anfang geht es nämlich gerade nicht darum, besonders witzige Repliken zu finden, sondern solche, mit denen Sie sich behaupten können.

Die innere Blockade überwinden

Einen „inneren Aufprallschutz" aufbauen

Übung 1

5 min

Der erste Schritt zur Schlagfertigkeit ist, dass Sie sich nicht von der unangenehmen Situationen beherrschen lassen. Stattdessen bauen Sie vor Ihrem geistigen Auge einen „inneren Aufprallschutz" auf (ein anschaulicher Begriff, den die Kommunikationstrainerin Barbara Berckhan geprägt hat). Dieser seelische Schutzschild ermöglicht es Ihnen, Abstand zu bewahren und gelassen zu bleiben, auch wenn Sie hart angegangen werden.

Diesen „inneren Aufprallschutz" können Sie mit einer einfachen Imaginationstechnik üben:

1. Stellen Sie sich eine Situation vor, in der Sie besonnen reagiert haben, obwohl es hoch her ging. Wie war das? Was ging in Ihnen vor?
2. Stülpen Sie sich dann einen Schutzschild über, den „inneren Aufprallschutz". Stellen Sie sich die Sache so konkret wie möglich vor, z. B. als Glasglocke, Kunststoffhaube oder Airbag.
3. Suchen Sie sich einen passenden Satz, mit dem Sie den „Aufprallschutz" aktivieren können. Zum Beispiel: „Das prallt an mir ab."
4. Schalten Sie Ihren Aufprallschutz ein und aus. Experimentieren Sie damit. Beobachten Sie, was passiert.

Lösung

Da es hier keine Lösung geben kann, ein kleiner Tipp: Am Anfang mag es vielleicht etwas ungewohnt sein, auf diese Weise die Phantasie spielen zu lassen. Doch je mehr Sie sich darauf einlassen, umso wirksamer können Sie sich schützen. Solche Imaginationstechniken sind übrigens alles andere als „Spinnerei". Sie haben sich vielfach bewährt und werden mit Erfolg eingesetzt, um schwierige Situationen zu meistern.

Praxistipps

- Setzen Sie den „Aufprallschutz" nach Möglichkeit immer in Verbindung mit einer festen Formel ein. Dadurch wird er stärker im Gedächtnis verankert und lässt sich zuverlässiger aktivieren.
- Den „Aufprallschutz" können Sie nicht nur aktivieren, um die nötige Sicherheit für eine schlagfertige Antwort zu bekommen. Sie können sich damit auch gegen schlecht gelaunte Kollegen, ruppige Vorgesetzte oder nörgelnde Kunden abschirmen. Dabei dürfen Sie deren Anliegen natürlich nicht ignorieren, Sie lassen sich nur nicht von ihrer schlechten Stimmung anstecken.
- Sie sollten von Ihrem „Aufprallschutz" nur Gebrauch machen, wenn Sie sich wirklich schützen müssen. Ansonsten besteht die Gefahr, dass Sie sich von ihren Mitmenschen abschotten.

Der Schritt beiseite

Übung 2
7 min

Um den Kopf für eine schlagfertige Antwort freizubekommen, brauchen Sie eine Strategie, mit der Sie verhindern, dass Sie von der Peinlichkeit der Situation gelähmt werden. Eine grundlegende Strategie können Sie mit dieser Übung lernen. Suchen Sie sich dazu einen Partner.

1 Zunächst stellt sich der Partner direkt vor Sie hin, lässt Ihnen keinen Raum und greift Sie (nur verbal natürlich) persönlich an. Wie reagieren Sie?

2 Nun wiederholen Sie das Spiel, treten aber bei dem Angriff einfach einen Schritt beiseite (nicht nach hinten). Ihr Gegenüber soll an seinem Platz stehen bleiben. Spüren Sie einen Unterschied? Wechseln Sie dann die Rollen.

Lösungstipps

Sie sollten unbedingt darauf achten, Ihren Übungspartner nicht mit Boshaftigkeiten zu überschütten, die er ernst nehmen könnte. Es geht (noch) nicht um authentische Angriffe und wirksame Gegenwehr, sondern darum, den Effekt zu begreifen. Um Missverständnisse zu vermeiden, sprechen Sie am besten vorher ab, was Sie sich an den Kopf werfen. Legen Sie beispielsweise eine Art Rollenspiel fest, etwa: „Der cholerische Chef ruft einen Mitarbeiter zu sich, der gerade einen wichtigen Auftrag in den Sand gesetzt hat." Das macht die Sache zwar etwas künstlich; der Effekt, auf den es uns ankommt, wird sich aber dennoch einstellen.

Lösung

Im eigentlichen Sinne gibt es auch hier keine Lösung. Doch sollten Sie einen erheblichen Unterschied zwischen den beiden Situationen bemerken.

Im ersten Fall sind Sie viel stärker den Angriffen ausgesetzt. Ob Sie nun zurückschimpfen oder die Sache schweigend über sich ergehen lassen, läuft im Grunde auf dasselbe hinaus: Sie sind in der Situation gefangen. Und genau das verhindert, dass Sie souverän reagieren können.

Im zweiten Fall tun Sie nur einen kleinen, aber entscheidenden Schritt, den Schritt beiseite, mit dem Sie sich Abstand verschaffen, aber auch einen neuen „Standort" erschließen. Das ist eine gute Basis für eine schlagfertige Antwort.

Praxistipp

Der „Schritt beiseite" ist ein Grundprinzip der Schlagfertigkeit. Ging es in der Übung vor allem darum, dass Sie bei einem Angriff räumliche Distanz schaffen, damit Ihnen Ihr Gegenüber nicht zu dicht auf den Leib rücken kann, treten Sie bei schlagfertigen Antworten auch geistig einen Schritt beiseite und distanzieren sich so von der unangenehmen Situation.

Kontrollieren Sie Ihre Körpersprache

Übung 3
7 min

Für diese Übung brauchen Sie einen Spiegel und/oder einen Partner, der Sie kontrolliert.

1 Versuchen Sie durch Ihre Körperhaltung dem Gefühl von Ängstlichkeit Ausdruck zu geben. Durch welche Signale drücken Sie dies aus? Was empfinden Sie dabei?

2 Anschließend ändern Sie Ihren Ausdruck. Versuchen Sie möglichst selbstbewusst zu wirken. Wodurch drücken Sie Ihr Selbstbewusstsein aus? Was empfinden Sie dabei?

3 Erneuter Wechsel im Ausdruck: Signalisieren Sie, dass Sie unter starker innerer Anspannung stehen.

4 Zuletzt sollen Sie möglichst gelassen und entspannt wirken.

Probieren Sie erst alle Haltungen im Stehen, dann im Sitzen aus. Überlegen Sie: Welche Haltung eignet sich am besten, wenn Sie eine schlagfertige Antwort geben wollen?

Lösungstipps

- Wenn Sie mit einem Partner üben, lassen Sie ihn beobachten und entscheiden, welche Haltung passt und ob sie stimmig ist.
- Achten Sie auf Ihre Mimik, Ihre Arme, Ihre Hände, die Stellung Ihrer Beine und Bewegungen.

Lösung

Auch hier gibt es streng genommen keine Lösung, weil sich ein Gefühl vielfältig zum Ausdruck bringen lässt. Wir können aber einige typische Gesten benennen:

1 Ängstlichkeit: hochgezogene Schultern, geduckte Haltung, wenig Raum beanspruchen, ausweichender oder gesenkter Blick, am Stuhl festhalten, anklammern.

2 Selbstbewusstsein: gerade und offene Haltung, fester Stand, Füße parallel, Blickkontakt suchen, den Gesprächspartner ansehen.

3 Innere Anspannung: leicht gekrümmte Haltung, geballte Fäuste oder „Krallenfinger", Füße beim Sitzen überkreuz, „jagende" Blicke, übertriebene, gezwungene Gesten.

4 Gelassenheit: zurückgelehnte Haltung, halbgeschlossene Augen, Hände in den Taschen, schräg geneigter Kopf.

Körpersignale wie unter 1 und 3 sollte Sie nach Möglichkeit vermeiden; aber auch allzu große Gelassenheit wirkt sich nicht unbedingt förderlich auf die Schlagfertigkeit aus. Denn wenn Sie gelassen bleiben, signalisieren Sie Ihrem Gegenüber, dass Sie seine Angriffe eigentlich nicht ernst nehmen. Damit könnten Sie ihn veranlassen, seine Attacken zu verstärken. Zudem ist Gelassenheit zu passiv, um sich wirksam zur Wehr zu sehr.

Eine weit bessere Grundlage für Schlagfertigkeit schaffen Sie mit einer selbstbewussten Haltung. Außerdem wirkt Ihre Körperhaltung auf Ihre innere Einstellung zurück – mit einer entsprechenden Haltung werden Sie also auch selbstbewusster.

Praxistipps

Um ein gesundes Selbstbewusstsein auszustrahlen, konzentrieren Sie sich auf drei Dinge: Ihren Atem, Ihren Blick und Ihren Stand.

- Bevor Sie antworten, atmen Sie tiefer ein und in aller Seelenruhe wieder aus. Ein ruhiger Atem stabilisiert, hektisches Luftschnappen hingegen macht Sie nervös.
- Für Ihre schlagfertige Antwort nehmen Sie auf jeden Fall Blickkontakt auf. Auch wenn Sie vor Publikum auf einen Angriff reagieren, schauen Sie unbedingt den Angreifer an – und nicht das Publikum! Sind Sie mit Ihrer Antwort fertig, wenden Sie Ihren Blick ab.
- Für einen sicheren Stand sollten Sie Ihre Füße nicht zu eng zusammenstellen. Auf keinen Fall dürfen sich die Schuhe berühren und die Füße nach innen zeigen. Aber auch allzu breitbeiniges Stehen ist ungünstig, es wirkt provozierend.

Sie erscheinen sicherer, wenn Sie sich nicht anlehnen und nicht allzu dicht mit dem Rücken zur Wand stehen. Für das Sitzen gilt: Nutzen Sie nach Möglichkeit die gesamte Sitzfläche aus und nicht nur die vordere Kante. Ziehen Sie Ihre Füße nicht unter die Sitzfläche und klemmen Sie sie nicht hinter ein Stuhlbein. Setzen Sie beide Füße nebeneinander auf den Boden. So behalten Sie die optimale „Bodenhaftung".

Erste Hilfe gegen dumme Sprüche

Die Instant-Sätze

Übung 4
5 min

Schlagfertige Antworten wirken nur, wenn sie sofort kommen. Sie haben also kaum Zeit nachzudenken. Wenn Sie sich lange um eine besonders originelle Formulierung bemühen, bleiben Sie meist sprachlos. Retter in der Not sind die so genannten „Instant-Sätze", vorbereitete Standardformulierungen, an die Sie sich klammern können und die schon irgendwie passen.

Legen Sie sich ein paar Standarderwiderungen für die folgenden Situationen zurecht:

1 Sie haben ein Fremdwort falsch benutzt. Ihr Gegenüber korrigiert Sie genüsslich und schließt seine Ausführungen mit der Bemerkung: „Fremdwörter sind Glückssache."

2 Frau Minder kleidet sich gern modisch und figurbetont. Ein Arbeitskollege bemerkt hämisch: „Warum müssen Sie sich eigentlich immer so aufbrezeln wie für den Straßenstrich?"

3 Peter Hell ist seit kurzem Vater und setzt für ein Jahr beruflich aus. Seine Freunde ziehen ihn deswegen auf: „Na, beim Windelwechseln wieder ein Erfolgserlebnis gehabt?"

Welche Instant-Sätze in Frage kommen, das hängt stark von Ihren persönlichen Vorlieben ab und von der Art, wie Sie sich präsentieren möchten. Und es ist in hohem Maße abhängig von dem Umfeld, in dem Sie sich bewegen. Gegenüber engen Freunden, die alle „locker drauf" sind, können Sie einen anderen Ton anschlagen als gegenüber Arbeitskollegen oder wenn Sie sich in der Öffentlichkeit präsentieren.

Überlegen Sie sich daher Instant-Sätze für verschiedene Situationen (Freundeskreis, Arbeit).

Lösungstipps

- Instant-Sätze müssen auf den Angriff nicht unbedingt Bezug nehmen. Sie können völlig neue Aspekte ins Spiel bringen. Das ist sogar ihre Stärke, denn das macht sie so vielfältig einsetzbar.
- Instant-Sätze können ihrerseits Sprüche sein, Statements oder Kommentare. Eleganz ist (noch) nicht gefordert. Hauptsache, Sie bleiben nicht sprachlos.
- Ganz allgemein gilt: Machen Sie es sich möglichst einfach. Bemühen Sie sich nicht um Originalität, in der Praxis geht das häufig schief. Im Vordergrund steht die Tatsache, dass Sie überhaupt etwas erwidern und sich dadurch gegenüber dem andern behaupten, der eigentlich damit rechnet, dass Ihnen zu seinen dummen Sprüchen gar nichts einfällt.

Lösung

Die folgenden bewährten „Instant-Sätze" sind natürlich nur als Vorschläge und Anregungen gedacht.

1 Sie antworten auf eine Feststellung, mit der Ihr Gegenüber die Bloßstellung krönen will. Sie verderben ihm seinen Triumph mit einem der folgenden Instant-Sätze:
   - „Leiden Sie darunter?"
   - „Können Sie das auch rückwärts?"
   - „Ich habe damit kein Problem."

2 Auf diese unverschämte Frage erwartet der Arbeitskollege natürlich keine Antwort. Anstatt die Augen zu verdrehen oder in die Luft zu gehen, äußert Frau Minder:
   - „Ist das Ihre Art, auf sich aufmerksam zu machen?"
   - „Da sprechen Sie am besten mit meinem Anwalt."
   - „Egal, was die andern sagen: Ich liebe Ihren Humor."

3 Auf solche Foppereien gar nicht weiter eingehen.
   - „Da kann ich dir auch nicht helfen."
   - „Das fragt einer, der seine Hose mit der Kneifzange zumacht."
   - „Solange es dir dabei gut geht."

Praxistipps

- Vielleicht wirken einige dieser Instant-Sätze auf Sie unpassend oder banal. Doch sollten Sie daran denken: Für die gesprochene Sprache gelten andere Kriterien als für gedruckte. Der entscheidende Punkt ist, dass Sie diese Instant-Sätze mit ruhiger, fester Stimme vortragen. Dann werden Sie von der Wirkung einfachster Sätze wie „Das ist Ihr Problem!" oder „Leiden Sie darunter?" überrascht sein.

- Wichtig: Verwenden Sie nicht immer die gleichen Instant-Sätze und seien Sie besonders vorsichtig bei Sprüchen. Sonst erwerben Sie sich den Ruf eines „Sprüchemachers". Und Ihre Reaktion wird vorhersehbar, Ihr Gegenüber kann Ihre Antwort karikierend vorwegnehmen und Sie dadurch zum Gespött machen.

Das unpassende Sprichwort

Übung 5
5 min

Stellen Sie sich vor, Sie sind auf einer Party eingeladen. Ein Bekannter äußert Ihnen gegenüber ein Pauschalurteil, von dem er sicher sein kann, dass Sie es scharf missbilligen. Wenn Sie Arzt sind: „Die Schulmedizin macht uns systematisch krank." Oder wenn Sie auf Fleisch verzichten: „Vegetarier haben ein Problem mit ihrem Körper."

Denken Sie sich drei unpassende Sprichwörter aus, mit denen Sie Ihren Gesprächspartner zum Schweigen bringen.

Lösungstipps

- Das Sprichwort muss in keinem Zusammenhang mit der Äußerung stehen.
- Sie können auch Sprichwörter verdrehen oder erfinden.

Lösung

Sprichwörter sind eine einfache, aber wirkungsvolle Technik, um auf Provokationen zu reagieren. Die folgenden teils erfundenen, teils authentischen Sprichwörter passen immer:

- „Keiner kann durch die Nase eines anderen einatmen."
- „Auch die Zwerge haben klein angefangen."
- „Altes Indianersprichwort: Wenn du auf einem toten Mustang sitzt, steig ab."
- „Am Bart des Dummen lernt der Barbier rasieren."
- „Ein Huhn wäscht sich nicht. Und doch sind seine Eier weiß."

Praxistipps

Den größten Effekt erzielen Sie, wenn das Sprichwort zwar nicht passt, aber auch kein offensichtlicher Unsinn ist. Ihr Gegenüber soll ruhig ein wenig darüber nachdenken, was Sie ihm sagen wollen, ehe ihm dämmert, dass Sie ihn auf den Arm genommen haben. Fragt er nach: „Was hat denn das damit zu tun?", antworten Sie: „Denken Sie mal scharf nach." Oder Sie sagen, wie es ist: „Nichts."

■ *Das unpassende Sprichwort ist eine elegante Methode, um dem andern zu verstehen zu geben: Ich habe keine Lust, auf Ihre Provokation einzugehen. Sie stoßen den anderen nicht vor den Kopf, Sie verletzen ihn nicht. Und das kann ein großer Vorteil sein. Der Nachteil: Sie können jedes Sprichwort nur ein, zwei Mal einsetzen, sonst wirkt es nicht mehr.* ■

Lieber dick als doof

Übung 6

5 min

Wenn jemand auf Ihren Schwächen herumreitet, kommt die „Lieber dick als doof"-Methode in Frage. Sie funktioniert so, dass Sie den Angriff aufnehmen und sich zu Ihrer Schwäche bekennen. Dadurch ist sie vom Tisch. Ihr „Bekenntnis" verbinden Sie jedoch mit einem Gegenangriff, indem Sie Ihrem Kontrahenten etwas Neues unterstellen. Nach folgendem Strickmuster: „Sie sind aber dick." – „Lieber dick als doof." Zugegeben, das klingt etwas schlicht, doch das Prinzip dürfte klar geworden sein.

Finden Sie passende Antworten zu den folgenden Angriffen:

1 „Sie sind vielleicht eingebildet!"

2 „Sie sind ein richtiger Klugscheißer."

3 „Sie sind ja noch grün hinter Ohren."

4 „Wie kann man eigentlich nur so fett sein?"

5 „Brillenschlange."

Lösungstipp

Der entscheidende Punkt, damit die Sache klappt: Sie müssen irgendeine Verbindung herstellen zwischen dem, was Ihnen an den Kopf geworfen wird, und dem, was Sie Ihrem Gegenüber unterstellen. Das erfordert etwas Sprachgefühl. Verbindungen, die funktionieren, sind beispielsweise Gegensätze, Wortspiele oder Reimwörter.

Lösung

Bei unseren Lösungsvorschlägen finden Sie verschiedene Arten von Verbindungen, klanglich, inhaltlich oder beides.

1 „Lieber ein bisschen eingebildet als völlig ungebildet."

2 „Lieber ein richtiger Klugscheißer als ein falscher Dummschwätzer."

3 „Lieber grün hinter den Ohren als schwarz vor Augen."

4 „Lieber fett und nett als schlank und krank."

5 „Lieber eine Brillenschlange als eine Blindschleiche."

Vielleicht ist Ihnen aufgefallen: Antwort 3 ist gar kein Gegenangriff, sondern bloßes Wortgeklingel. Das Verblüffende ist: Das spielt gar keine Rolle. Der Angriff hat sich auch so erledigt. In der Konsequenz heißt das: Sie müssen sich keine großen Gedanken machen, ob der Gegenangriff wirklich passt. Spielen Sie einfach mit den Worten.

Praxistipps

Achtung, bei dieser Methode bekennen Sie sich zu dem Vorwurf! Bei Unterstellungen oder Beleidigungen sollten Sie eine andere Technik wählen. Denken Sie auch daran, dass der zweite Teil irgendetwas Negatives enthalten muss. Die Antwort: „Lieber zu dick als zu schick!" funktioniert nicht.

■ *Im Unterschied zu den vorgenannten Techniken nutzt sich die „Lieber dick als doof"-Methode nicht so schnell ab, denn sie können Sie inhaltlich immer wieder neu füllen.* ■

Das Problem beim andern lassen

Übung 7
5 min

Eine einfache, aber sehr wirksame Technik, deren Mechanik der Schlagfertigkeitstrainer Matthias Pöhm herausgearbeitet hat, wollen wir jetzt üben.

Viele Angriffe laufen nach dem gleichen Schema ab: Ihr Gegenüber erklärt, dass Sie irgendeine negative Eigenschaft besitzen („Wie kann man nur so faul sein?"). Daraufhin fangen Sie an, sich zu rechtfertigen. Sie brauchen sich auf dieses Spiel aber gar nicht einzulassen. Niemand kann Sie zwingen, über Ihre (vermeintlichen) Schwächen zu reden, wenn Sie das nicht wollen. Der andere hat ein Problem, nicht Sie. Und genau das teilen Sie Ihrem Gegenüber mit.

Formulieren Sie Erwiderungen auf die folgenden Sätze. Versuchen Sie möglichst schnell eine Antwort zu finden.

1 „Meine Güte, du färbst dir ja die Haare!"
2 „Deine Einstellung ist ja wohl von vorgestern."
3 „Du läufst herum wie eine Vogelscheuche."
4 „Sie sind ein gemeingefährlicher Raser."

Lösungstipp

Wiederholen Sie zunächst mit Ihren Worten, was der andere Ihnen vorwirft („Sie finden/du findest, ...?)". Dann erklären Sie, dass von Ihrer Seite alles in bester Ordnung ist.

Lösung

1 „Dir gefällt meine Haarfarbe nicht? Macht nichts."

2 „Du hältst meine Ansichten für veraltet? Da kann man wohl nichts machen."

3 „Du hast Probleme mit meiner Aufmachung? Das ist nicht weiter schlimm."

4 „Sie finden, ich fahre zu schnell? Das stört mich nicht."

Sie können die Tatsache, dass Sie mit dem Vorwurf nichts zu tun haben (wollen), noch stärker akzentuieren: „Das ist dein Problem." „Das interessiert mich nicht." „Das ist mir egal."

Praxistipps

- Um dumme Sprüche oder Kränkungen an sich abperlen zu lassen, ist diese Technik wunderbar geeignet. Beachten Sie aber, dass es sich um recht schweres Geschütz handelt. Denn Sie erklären dem anderen, dass seine Ansichten für Sie völlig irrelevant sind. Für den andern kann dies eine schwere Kränkung sein.
- Sie sollten von diesem Mittel also nur Gebrauch machen, wenn Sie unfair angegangen werden, wenn zum Beispiel die Vorwürfe nicht stimmen, unwesentlich oder ehrverletzend sind. Wenn Sie hingegen wirklich manchmal mit überhöhter Geschwindigkeit unterwegs sind, können Sie sich mit der Antwort, dass Sie das „nicht interessiert", alle Sympathien verscherzen.

Auf Standardsituationen vorbereitet sein

Typische Situationen identifizieren

Übung 8
5 min

Überlegen Sie, in welche typischen Situationen Sie geraten können, in denen Ihre Schlagfertigkeit gefragt ist. Listen Sie fünf solcher Situationen auf.

Lösungstipps

Ausgangspunkt Ihrer Überlegungen sollte sein, was Sie alltäglich tun. Wo kann Sie jemand herausfordern? Was geschieht, wenn etwas nicht so glatt läuft, wie Sie es gewohnt sind? Bei wem wollen Sie einen guten Eindruck machen?

Die Standardsituationen können individuell höchst unterschiedlich ausfallen – je nachdem, was Sie beruflich und privat machen und mit welchen Menschen Sie zu tun haben. Als Marketingleiter(in) müssen Sie im Allgemeinen nicht üben, wie man sich gegenüber sprücheklopfenden Jugendlichen durchsetzt. Als Lehrer(in) könnte gerade das besonders wichtig sein.

Es geht nicht darum, sich das Schlimmste auszumalen, was Ihnen zustoßen kann. So etwas blockiert Sie nur. Vielmehr sollten Sie Ihre Phantasie schweifen lassen, um Ihren Vorstellungsraum zu erweitern. Malen Sie sich die Situationen nicht bedrohlich aus, sondern lassen Sie sich von der Vorstellung leiten, dass Sie sie auch meistern.

Lösung

Die richtige Lösung kennen nur Sie selbst. Und natürlich gibt es weit mehr als bloß fünf Standardsituationen. Im Folgenden möchten wir Ihnen einige Anregungen geben. Vielleicht ist ja die eine oder andere Situation auch relevant für Sie.

1 Kundengespräch: Ein Kunde fängt an, Ihr Angebot ins Lächerliche zu ziehen.

2 Als Experte: Ihr Gegenüber zieht Ihre Kompetenz in Zweifel und versucht zu zeigen, dass Sie keine Ahnung haben.

3 Als Kunde: Das Verkaufspersonal behandelt Sie schlecht, ignoriert Sie, belehrt Sie oder ist aufdringlich.

4 Im Freundeskreis: Ein Bekannter versucht Sie vor allen andern bloßzustellen.

5 Bei repräsentativen Aufgaben: Jemand macht sich über Ihre Kleidung lustig.

Praxistipps

Ein Fundus von Standardsituationen kann Ihnen helfen, Ihre Schlagfertigkeit gezielter zu trainieren. Wenn Sie später Ihre eigenen Übungen zusammenstellen (siehe Übung 51 am Ende des Buchs), sollten Sie sich auch an den Standardsituationen orientieren.

■ *Schlagfertigkeit ist oft eine Frage der richtigen Vorbereitung. Denn niemand, der sich überrumpeln lässt, kann auch noch besonders schlagfertig sein. Wenn Sie sich gedanklich auf kritische Situationen einstellen, sind Sie für viele Fälle gewappnet.* ■

Wo sind Sie am verletzbarsten?

Übung 9
5 min

Jeder von uns hat seine empfindlichen Punkte, wo er besonders verletzbar ist. Schlagfertigkeit dient nicht zuletzt dazu, diese empfindlichen Stellen zu schützen. Dazu ist es hilfreich, sich erst einmal einzugestehen, wo Sie mögliche Angriffe am stärksten treffen. Denken Sie in Ruhe darüber nach. Vielleicht erinnern Sie sich auch an den einen oder anderen Vorfall, bei dem Sie sehr verletzt waren. Versuchen Sie drei solcher besonders empfindlicher Punkte zu finden.

Lösungstipps

- Überlegen Sie: Welche Vorwürfe würden Sie am meisten schmerzen? Worüber darf sich niemand lustig machen?
- Erinnern Sie sich an Situationen, in denen Sie womöglich überreagiert haben. Wann hat eine flapsige Bemerkung, ein eher harmloser Scherz Sie besonders getroffen?

Lösung

Hier gilt in noch stärkerem Maße, dass nur Sie allein beurteilen können, ob Sie die richtige Lösung gefunden haben. Ehrlichkeit gegenüber sich selbst ist dazu die beste Voraussetzung. Ihre Liste könnte zum Beispiel so aussehen:

1 Abfällige Bemerkungen darüber, dass ich noch Single bin.
2 Sticheleien wegen meines Körpergewichts.
3 Hämische Kommentare über fehlendes Bildungswissen.

Praxistipp

Bei der Schlagfertigkeit, wie wir sie verstehen, geht es immer darum, die gefährdete Souveränität wiederherzustellen. Daher ist es nützlich, wenn Sie Ihre empfindlichen Stellen kennen. Denn jemand, der Sie hier angreift, bringt Sie am stärksten in Gefahr, Ihre Souveränität zu verlieren. Wenn Sie Ihre Schlagfertigkeit hingegen genau auf diese „Schwachpunkte" hin trainieren, werden Sie sich am besten schützen.

▪ *Das Ergebnis Ihrer Überlegungen sollten Sie nicht unbedingt jedem anvertrauen.* ▪

Die persönliche Würde schützen

Auf Beleidigungen souverän reagieren

Übung 10
5 min

Beleidigungen sind plump und wirken verletzend. Deshalb hat man oft keine passende Antwort parat, abgesehen davon, dass man sich nicht auf das gleiche Niveau begeben möchte. Gegen Beleidigungen können Sie sich am besten wehren, indem Sie ganz sachlich bleiben.

Versuchen Sie, für folgende Situationen passende Worte zu finden:

1 Bei einer Besprechung raunzt Sie ein Arbeitskollege an: „Ihr Vorschlag ist wirklich Käse. Ich glaube, Sie haben überhaupt nicht zugehört!"

2 Bei einer kontroversen Diskussion unterbricht Sie Ihr Gegenüber: „Sie wissen doch gar nicht, wovon Sie reden, Sie hirnverbrannter Idiot / Sie dumme Kuh!"

3 In einer geselligen Runde äußert sich ein Scherzkeks: „Sie sind genau der Typ, der kleinen Mädchen unter den Rock greift / der übers Bett Karriere macht."

Lösungstipp

Über Beleidigungen sollten Sie niemals diskutieren oder sie richtig stellen, nach dem Muster: „Mein Vorschlag ist nicht der letzte Käse." Eine Beleidigung lässt sich am wirksamsten erledigen, indem man sie schlicht Beleidigung nennt und darauf besteht, dass ein anderer Ton angeschlagen wird.

Lösung

So weisen Sie die Beleidigungen zum Beispiel zurück:

1 „Ihre polemischen Bemerkungen führen nicht weiter. Bleiben Sie doch sachlich wie alle andern auch."

2 „Sie werden ausfallend. Gehen Ihnen die Argumente aus?"

3 „Ihre Bemerkung ist grob beleidigend. Ich erwarte, dass Sie sich sofort bei mir entschuldigen."

Praxistipps

- Wer beleidigt, hat Unrecht. Das können Sie sich zunutze machen und unbeteiligte Zuhörer leicht auf Ihre Seite ziehen. Niemand möchte auf der Seite des Beleidigers stehen.
- In schweren Fällen sollten Sie verlangen, dass sich der andere bei Ihnen entschuldigt. Auch wenn er das nicht tut, haben Sie Ihre Souveränität bewahrt. Der Beleidiger erscheint nun doppelt als Flegel und steht im Abseits.
- Ihre Antwort wirkt natürlich nur dann überzeugend, wenn es sich wirklich um eine Beleidigung oder einen geschmacklosen „Scherz" (wie in Beispiel 3) handelt. Haben Sie es hingegen nur mit einer etwas flapsigen Bemerkung zu tun, erwecken Sie mit Ihrer Abwehr den Eindruck, überempfindlich zu sein. Aber Sie können abstufen. Auf eine flapsige Bemerkung hin könnten Sie etwa feststellen: „Wir wollen doch sachlich bleiben."

Unterstellungen aushebeln

Übung 11
5 min

Ein sehr gängiges Verfahren, andere Menschen in die Enge zu treiben, ist die Unterstellung. Ihr Gesprächspartner tut so, als sei etwas, das Sie nicht gerade in einem günstigen Licht erscheinen lässt, ganz selbstverständlich. Gehen Sie über die Unterstellung hinweg, schnappt die Falle zu: Sie haben die Sache schon akzeptiert. Sie sollten also reagieren. Aber wie? Indem Sie nicht anfangen, sich zu rechtfertigen, sondern die Dinge richtig stellen. (Lösungstipps finden Sie auf der nächsten Seite.)

Überlegen Sie sich passende Antworten:

1 Sie tragen einen gründlichen Bericht vor. Ein Kollege unterbricht Sie: „Diese winzigen Details will doch niemand hören. Kommen Sie jetzt endlich zum Thema?"

2 Ein Arbeitskollege bemerkt: „Ihre Leute haben ja schon das letzte Projekt in den Sand gesetzt. Wäre es da nicht vernünftiger, wenn Sie sich auf die Dinge konzentrieren, die Ihr Team bewältigen kann?"

3 Sie müssen eine Verabredung absagen. Ihr Gesprächspartner grinst vielsagend: „Ja, ja, das sage ich auch immer, wenn ich keine Lust habe."

4 Sie kritisieren sehr stark den Vorschlag eines andern. Der schüttelt nur den Kopf und sagt: „Seien Sie doch mal konstruktiv."

Lösungstipps

- Haken Sie immer bei der Unterstellung ein und machen Sie deutlich, dass Sie diese Sicht der Dinge nicht akzeptieren. Sagen Sie etwa: „Das stimmt nicht." Oder: „Das kann ich so nicht stehen lassen."
- An zweiter Stelle folgt die Zurückweisung der Unterstellung, zum Beispiel: „Ich schweife nicht ab."
- Drittens sagen Sie klipp und klar, wie Sie die Dinge sehen. Wenn es sich anbietet, können Sie Ihrerseits noch eine Unterstellung obendrauf setzen.

Lösung

1 „Sie irren sich, es sind keine winzigen Details, sondern wichtige Informationen, die Sie brauchen, um kompetent mitreden zu können. Und das wollen Sie doch, oder?"

2 „Sie verdrehen die Tatsachen: Meine Leute haben das Projekt nicht in den Sand gesetzt. Es ist aus ganz andern Gründen eingestellt worden. Bis dahin hatten sie ausgezeichnete Arbeit geleistet. Und genau das werden sie bei dem neuen Projekt auch tun."

3 „Da täuschst du dich aber. Ich hätte mich gerne mit dir getroffen. Aber ich kann den beruflichen Termin nicht sausen lassen. Oder willst du, dass ich wegen unseres Treffens Ärger bekomme?"

4 „Das ist wohl ein Missverständnis. Ich bin konstruktiv, wenn ich Ihren Vorschlag aus sachlichen Gründen ablehne. Oder wollen Sie grundlos gelobt werden?"

Anschuldigungen überbieten

Übung 12
5 min

Manchmal sollen Sie sich für Dinge rechtfertigen, die Ihnen albern erscheinen. Oder Sie werden mit Vorwürfen konfrontiert, die überzogen sind. Dazu fällt vielen gar nichts ein. Dabei gibt es eine einfache Gegenstrategie: Setzen Sie noch eins drauf, treiben Sie den Vorwurf bis ins Absurde. Damit bewahren Sie nicht nur Ihre Souveränität, sondern es macht auch Spaß. Finden Sie mehr als eine Antwort?

1 Sie holen sich am Automaten einen Kaffee. Ein Arbeitskollege kommt vorbei: „Na, machen Sie schon wieder Kaffeepause?"

2 Sie sind zum Essen eingeladen. Es gibt Schalentiere. Sie schlagen sich respektabel. Der Gastgeber bemerkt herablassend: „Sie wissen wohl nicht, wie man Krebse isst?"

3 Bei einem festlichen Anlass treffen Sie einen etwas eitlen Bekannten, der mit hochgezogenen Augenbrauen bemerkt: „Immer wenn ich Sie sehe, haben Sie den gleichen Anzug / das gleiche Kostüm an. Haben Sie nichts anderes?"

4 Sie treten jemandem versehentlich auf den Fuß und entschuldigen sich höflich. Doch Ihr Gegenüber giftet zurück: „Das haben Sie doch absichtlich gemacht."

Lösungstipp

Lassen Sie bei dieser Übung Ihrer Phantasie freien Lauf. Je absurder Ihre Antwort ausfällt, desto besser.

Lösung

Wie stark Sie die Anschuldigung überbieten möchten, hängt von Ihrem persönlichen Geschmack ab. Wenn Sie hart angegangen werden wie in Beispiel 4, dürfen Sie auch mal ein wenig frecher kontern. Aber das ist eine Frage des persönlichen Stils.

1 „Nein, ich versuche mich nur irgendwie vor der Arbeit zu drücken." Oder: „Ich hasse Kaffee. Aber immer noch besser als den ganzen Tag zu schuften wie alle andern hier."

2 „Doch, Strohhalm reinstechen und aussaugen." Oder: „Ach, man kann die Krebse essen? Ich dachte, das wäre die Tischdekoration."

3 „Doch, aber den / das trägt gerade unsere Vogelscheuche im Garten für mich ein." Oder: „Doch, aber unser Hund rückt das gute Stück einfach nicht mehr raus." Oder ganz kurz: „Doch, meinen Schlafanzug / mein Nachthemd."

4 „Und es hat mir auch noch Spaß gemacht!" Oder noch ein wenig böser: „Wenn ich es mit Absicht gemacht hätte, hätte ich Ihnen bestimmt nicht auf den Fuß getreten, sondern in den Hintern."

Praxistipp

Achtung, mit dieser Technik haben Sie zwar oft die (unbeteiligten) Lacher auf Ihrer Seite. Doch denjenigen, der Sie angeht, machen Sie sich gewiss nicht zum Freund. Sie sollten diese Technik daher sehr behutsam einsetzen.

Vergiftete Komplimente entlarven

Übung 13
5 min

Kennen Sie vergiftete Komplimente? Das sind Äußerungen, mit denen Sie vordergründig gelobt werden, die aber gleichzeitig eine unterschwellige Botschaft enthalten, die Sie abwerten soll. Dies geschieht, weil sich Ihr Gegenüber nicht traut, seine wahre Meinung oder Abneigung gegen Sie kundzutun – zum Beispiel weil es der Gruppendruck nicht zulässt oder Ihre Leistung zu gut war, um sie offen schlecht zu machen. Solche Angriffe können Sie abwehren, indem Sie den vergifteten Kern aus dem Kompliment herausschälen und dem andern unter die Nase halten. Versuchen Sie selbst:

1. Sie halten einen Vortrag, der beim Publikum gut ankommt. Anschließend kommt eine Kollegin auf Sie zu: „Das war wirklich toll. Ich habe mich kaum gelangweilt."
2. Sie kommen mit neuem Outfit ins Büro. „Mein Kompliment", flötet eine Kollegin. „Ich finde es immer gut, wenn sich jemand mal was Neues traut."
3. Nach dem Essen verkündet Ihr Gast: „Es hat köstlich geschmeckt. Dafür dass du das alles ganz allein gekocht hast."

Lösungstipp

Sprechen Sie aus, was der andere sich nicht zu sagen traut, „übersetzen" Sie das vergiftete Kompliment in Klartext. Um die Wirkung zu erhöhen, können Sie die eigentliche Aussage ruhig noch ein wenig zuspitzen – aber nicht zu stark.

Lösung

So könnten Ihre Antworten zum Beispiel lauten:

1 „Sie halten mich also für so einen Langweiler, dass Sie es schon für eine Spitzenleistung halten, wenn Sie sich bei einem Vortrag von mir nur ein wenig langweilen."

2 „Sie wollen sagen, meine Kleidung ist so geschmacklos, dass Sie es bewundern, wenn sich jemand in dem Aufzug ins Büro traut."

3 „Du meinst also, es war ein furchtbarer Fraß. Aber mir hättest du noch weniger zugetraut."

Praxistipps

Solche Entlarvungen können sehr wirkungsvoll sein. Auch vor einem Publikum können Sie mit diesem Stilmittel punkten. Sie sollten allerdings auf zwei Punkte achten:

- Ihre „Übersetzung" muss plausibel sein. Wenn Sie dem andern irgendwelche bösen Absichten einfach andichten, fällt die Entlarvung auf Sie zurück.
- Schließen Sie aus, dass der andere Ihre Erklärung als eine Art Steilvorlage aufnimmt und heftig nickend erklärt: „Genau so ist es."

Aufbautraining: Kritische Situationen meistern

Beim Aufbautraining üben Sie,

- bei kleinen Ärgernissen des Alltags die richtigen Worte zu finden,
- unfaire Attacken unbeschadet zu bestehen,
- Boshaftigkeiten auf den Angreifer zurückzulenken und
- peinliche Situationen souverän zu beherrschen.

Darum geht es in der Praxis

Schlagfertigkeit muss sich in ganz unterschiedlichen Situationen bewähren, denen jedoch eines gemeinsam ist: Irgendjemand oder irgendetwas bedroht Ihre Souveränität. Egal, ob Sie beim Einkaufen von einer genervten Kassiererin angeraunzt werden und Ihnen keine passende Antwort einfällt, ob Ihnen ein dreister Arbeitskollege auf die Nerven geht oder ob Sie von einem unfreundlichen Mitmenschen vor anderen bloßgestellt werden sollen – immer ist es die schlagfertige Antwort, die Ihnen hilft, aus einer kritischen Situation halbwegs unbeschadet herauszukommen.

Deshalb lernen Sie in diesem Kapitel neue Schlagfertigkeitstechniken kennen, vor allem aber, diese Techniken situationsgerecht anzuwenden. Denn natürlich hängt es von den näheren Umständen ab, ob die Antwort auch passt. Wenn Sie heftig angegriffen werden, sollten Sie sich mit anderen Mitteln zur Wehr setzen, als wenn jemand Ihnen nur mit einem flauen Scherz auf die Nerven geht.

Schließlich erfahren Sie auch, wie Sie mit einer schlagfertigen Bemerkung eine peinliche Situation entschärfen und überwinden können.

Mit Aufbautechniken sicherer werden

Wie du mir, so ich dir

Übung 14
5 min

Das Grundprinzip dieser Technik ist ganz einfach, aber sehr wirksam: Wenn jemand Sie angreift, lenken Sie den Angriff einfach auf ihn zurück. Wer Sie z. B. als „Lachnummer" bezeichnet, muss nach dem Prinzip der Gegenseitigkeit damit rechnen, dass Sie ihn gleichfalls lächerlich erscheinen lassen. Weil der andere Sie angegriffen hat und Sie sich nur zur Wehr setzen, sind Sie sogar berechtigt, den Angriff noch ein wenig zu überbieten.

Eine schlagfertige Antwort wird allerdings erst daraus, wenn Sie sprachlich einen gewissen Umweg gehen. Wer auf die „Lachnummer" erwidert, der andere sei „noch eine größere Lachnummer", ist gewiss nicht schlagfertig. Welche Umwege würden Sie in den folgenden Fällen nehmen?

1 Sie sind im Restaurant. Ihr Handy klingelt. Ihr Gegenüber sagt gereizt: „Leute, die ihr Handy ins Lokal nehmen, sind Schwachköpfe und Wichtigtuer."

2 „Warum sind Frauen, die Karriere machen, eigentlich immer so hässlich?" erkundigt sich der Vertriebsleiter mit breitem Grinsen bei der Marketingleiterin.

3 Der Arbeitskollege: „Wie schaffen Sie es eigentlich, in so vielen Stunden so wenig Leistung zu bringen?"

Lösungstipps

- Ihre „Umwege" dürfen nicht zu lang sein. Denn es gilt die Regel: Schlagfertige Antworten sind kurz, sonst versteht sie niemand mehr.
- Logische Stringenz ist nicht gefragt.
- Sie müssen mit Ihrer Aussage nicht Recht behalten.
- Sie haben den Angriff bereits erfolgreich abgewehrt, wenn es Ihnen gelingt, den Vorwurf gegen den Angreifer zu kehren. Um einen Angriff wie den „Schwachkopf" unschädlich zu machen, müssen Sie also nicht eigens betonen, dass Sie aber „schlau" sind.

Lösung

1 „Und warum haben Sie dann Ihres nicht dabei?"

2 Die Marketingleiterin schüttelt den Kopf: „Wenn das so wäre, müssten Sie ja eine Frau sein."

3 „Ganz leicht: Ich folge einfach Ihrem Beispiel."

Praxistipp

Diese Schlagfertigkeitstechnik ist zwar nicht besonders aggressiv. Sie setzen sich ja mit gleichen Mitteln zur Wehr, mit denen Sie attackiert werden. Dennoch handelt es sich um einen Angriff. Das heißt, der andere könnte sich herausgefordert fühlen, auf Ihren Gegenangriff hin nochmals zu antworten. Wenn Sie nicht riskieren wollen, dass sich die Sache aufschaukelt, weichen Sie auf mildere Techniken aus, wie beispielsweise die folgende.

Die diplomatische Zunge

Übung 15
5 min

Mit der „diplomatischen Zunge" können Sie souverän auf dumme Bemerkungen, schlecht gelaunte Kommentare oder Geschmacklosigkeiten reagieren, ohne den andern anzugreifen. Sie selbst bleiben dabei auch unangreifbar.

Die Technik funktioniert so: Sie übersetzen das, was der andere Ihnen an den Kopf geworfen hat, wählen dafür aber freundlichere, ausgleichende Worte. Damit holen Sie das Thema auf eine sachliche Ebene zurück. Leiten Sie Ihre Antwort ein mit den Worten: „Sie meinen (also) ...".

Wie würde das in den folgenden Situationen aussehen?

1 Sie sind Chef, Ihre Sekretärin beklagt sich bei Ihnen: „Man wird hier behandelt wie der letzte Dreck!"

2 Sie sammeln Geld für einen sozialen Zweck, Ihr Kollege knurrt: „Sind Sie jetzt Mutter Teresa, oder was?"

3 Erregte Diskussion. Sie legen Ihren Standpunkt dar. Ein Kollege kommentiert: „Sie haben ja keine Ahnung."

Lösungstipps

Aus Ihrer „Übersetzung" müssen Sie alle provozierenden, verletzenden Elemente herausnehmen. Sie muss positiv, auf jeden Fall sachlich klingen. Inhaltlich sollten Sie allerdings dabei eine Aussage treffen, der Ihr Gegenüber zustimmen kann. Sonst wird er Ihre „Übersetzung" zurückweisen und auf seinem Standpunkt beharren.

Lösung

1 Als Chef könnten Sie antworten: „Sie meinen, ich gebe Ihnen zu wenig Anerkennung." Damit ermöglichen Sie, dass sachlich über die Angelegenheit geredet wird.

2 „Sie meinen, Sie wollen nichts spenden." Oder eine Nuance schärfer: „Sie meinen, Sie geben Ihr Geld lieber für andere Dinge aus." Damit gehen Sie souverän über die Provokation hinweg und konfrontieren Ihren Kollegen mit dem Gehalt seiner Aussage.

3 „Sie meinen, Ihr Standpunkt ist der richtige." So wenden Sie die Aussage ins Positive.

Praxistipps

- Die „diplomatische Zunge" bietet sich vor allem an, wenn Sie eine Eskalation vermeiden wollen. Sie wirkt als zuverlässige „Wutbremse".
- Gerade bei sehr erhitzten Gesprächspartnern sollten Sie gar nicht inhaltlich auf den Angriff eingehen, sondern einfach erklären: „Sie sind sehr erregt." Im praktischen Einsatz können Sie meist auf die (schnell penetrant wirkende) Einleitung „Sie meinen ..." verzichten.

▪ *Auf den ersten Blick wirkt diese Technik – eine sanfte, aber äußerst machtvolle Spielart der „Dolmetschertechnik" – nicht besonders schlagfertig, sondern eher umständlich. Doch das täuscht gewaltig. Wenn Sie diese Technik virtuos beherrschen, können Sie Ihren Gesprächspartner sehr subtil in die von Ihnen gewünschte Richtung lenken.* ▪

Die Honigzunge

Übung 16
5 min

Da wir nun schon einmal bei den Dolmetschertechniken sind, lernen Sie gleich noch eine kennen: die „Honigzunge". Hier geht es nicht darum, Kränkungen und Geschmacklosigkeiten in eine mehr oder minder konstruktive Aussage zu übersetzen. Vielmehr verwandeln Sie die Schmähung in ein Kompliment. Wenn jemand zu Ihnen sagt: „Sie sind eine Krücke!", dann erwidern Sie: „Stimmt, ich bin die Stütze des Unternehmens."

Verwandeln Sie nach dem gleichen Muster die folgenden Aussagen in Botschaften, die Ihnen schmeicheln.

1 „Sie sind eine Schießbudenfigur!"

2 „Ihre Ansichten sind doch überholt."

3 „Sie sind wirklich das Letzte."

Lösungstipps

- Knüpfen Sie an Redensarten an, nehmen Sie Aussagen wörtlich oder bringen Sie Doppelsinn ins Spiel.
- Logik ist nicht gefragt. Im Gegenteil, je widersinniger Ihre Antwort erscheint, umso weniger kann Ihr Gesprächspartner noch etwas dagegensetzen (ein Effekt, den Sie auch bei der nächsten Übung beobachten können).

Lösung

Unsere Vorschläge:

1 „Stimmt, jeder versucht mich zu treffen."

2 „Stimmt, aber alle, die mich überholt haben, sind mit ihren Ansichten entgleist."

3 „Stimmt, das Beste kommt zum Schluss."

Praxistipps

Vielleicht erscheint Ihnen diese Technik ziemlich simpel. Und doch sollten Sie nicht erwarten, dass Ihnen die passenden Antworten spontan einfallen. Wenn Sie erst in der konkreten Situation anfangen zu überlegen: „Er hat mich eine alte Flasche genannt. Was ist bloß der Vorteil einer alten Flasche?", dann werden Sie mit Sicherheit scheitern und gar nichts herausbringen. Legen Sie sich daher, wenn Ihnen diese Technik zusagt, zu einigen gebräuchlichen Angriffen den ein oder anderen Vorteil zurecht, zum Beispiel zu „Pfeife", „Flasche", „Ja-Sager", „Bremser", „Korinthenkacker", „Erbsenzähler", „Langweiler" u. a. m.

■ *Eine Variante der Honigzunge ist das „positive Umdefinieren". Dabei bekennen Sie sich zu dem Vorwurf, wandeln ihn aber in ein Lob um. Wenn Ihnen zum Beispiel vorgeworfen wird, dass Sie „nicht teamfähig" sind, antworten Sie: „Stimmt, wenn Sie damit sagen wollen, dass ich in der Lage bin, selbstständig meine Arbeit zu erledigen."* ■

Absurdes Theater

Übung 17
5 min

Sie erinnern sich an den „Schritt beiseite" (S. 11)? Nun gibt es eine Schlagfertigkeitstechnik, da treiben Sie es noch bunter. Sie machen nicht nur einen Schritt zur Seite, sondern einen gewaltigen Sprung aus der Situation heraus. Sie verhalten sich widersinnig, bringen absurde Argumente, erzählen offensichtlichen Unsinn. Warum das alles? Es gibt kaum eine drastischere Art, dem andern mitzuteilen: Dein Angriff trifft mich nicht, ich nehme dich nicht ernst.

Aber es ist gar nicht so einfach, im Alltag „aus der Rolle zu fallen" und „absurdes Theater" zu spielen. Auch hat nicht jeder einen Sinn für groteske Komik. Doch ausprobieren können Sie es ja mal. Überlegen Sie sich zu den folgenden Beispielen einen absurden Kommentar (oder eine absurde Aktion).

1. „Frauen, die in der Schwangerschaft rauchen, bekommen hyperaktive Kinder. Das ist wissenschaftlich erwiesen." Was würden Sie als rauchende Mutter erwidern?
2. Der zwölfjährige Sohn von Herrn Martenstein will ein neues Handy für 250 Euro haben. Was würden Sie an dessen Stelle sagen?
3. In geselliger Runde lässt sich ein Gast für seine hochgestochenen Freizeitaktivitäten bewundern: Golfspielen in Südafrika, Tauchen in der Karibik. Gönnerhaft wendet er sich an Sie: „Und? Was Sie haben Sie für Hobbys?"

Lösung

Wie exzentrisch Ihre Antwort ausfällt, das richtet sich nach Ihrem persönlichen Geschmack, Ihrem Einfallsreichtum und Ihrem Sinn für skurrilen Humor. Hauptsache, Ihre Antwort verschlägt dem andern die Sprache. Unsere Anregungen:

1 „Es ist aber auch wissenschaftlich erwiesen, dass Frauen, die in der Schwangerschaft zu viel Müsli essen, Kinder mit Rosinen im Kopf bekommen."

2 Herr Martenstein antwortet: „Wenn ein Zwölfjähriger ein teureres Handy besitzt als sein Vater, wird die natürliche göttliche Ordnung auf den Kopf gestellt. Wenn heute die Kinder teurere Handys besitzen als ihre Eltern, dann wird es morgen Frösche regnen, die Fische werden an Land kommen, die Flüsse werden Jungfrauenblut führen statt Wasser, und den Bäumen werden Bärte aus Menschenhaar wachsen." (So Harald Martenstein in der ZEIT vom 15. Januar 2004).

3 „Keine Ahnung. Mit solchen Fragen wenden Sie sich am besten an meinen Butler."

Praxistipps

- Sie können Ihr „absurdes Theater" unterschiedlich akzentuieren, eher augenzwinkernd spielerisch oder aggressiv unzugänglich.
- Das „absurde Theater" ist nicht ohne Risiko. Sie kontern zwar souverän und sind unangreifbar; Ihr Gegenüber reagiert jedoch häufig verständnislos oder fühlt sich verletzt.

Kleine Ärgernisse des Alltags

Schlecht gelaunten Mitmenschen Paroli bieten

Übung 18
5 min

Schlecht gelaunte Menschen sind ein Ärgernis, vor allem, wenn sie ihre schlechte Laune an uns auslassen. Wenn wir dann sprachlos bleiben, überträgt sich die schlechte Laune leicht auf uns. Wenn Ihnen hingegen eine schlagfertige Antwort einfällt, werden Sie sich besser fühlen. Aber fällt Ihnen denn eine ein? Oder sogar zwei?

1 Im Supermarkt erkundigen Sie sich höflich nach der Gemüseabteilung. „Können Sie nicht lesen?", herrscht Sie die Verkäuferin an. „Da steht es doch ganz groß!"

2 Sie möchten eine Fahrkarte kaufen und stellen sich an. Kurz bevor Sie an der Reihe sind, erklärt der Mann hinter dem Schalter barsch: „Sie kommen hier aber nicht mehr dran! Ich will auch mal Mittagspause machen!"

3 In einem Modekaufhaus nehmen Sie eine Hose vom Bügel, um sie näher zu betrachten. „Kann ich Ihnen helfen?!", fragt hinter Ihnen eine Stimme scharf.

Lösungstipps

Geben Sie Ihrem Gegenüber zu verstehen, dass Sie sein Benehmen für nicht akzeptabel halten. Dies müssen Sie so verpacken, dass die Antwort schlagfertig klingt. Ansatzpunkte hierfür liefern Ihnen die Worte des anderen: Nehmen Sie Elemente aus dem Angriff auf (z. B. „lesen können", „Mittagspause") und bauen Sie diese in Ihre Antwort ein.

Lösung

Hier eine Auswahl passender Antworten:

1 a) „Doch, ich kann lesen. Können Sie auch freundlich sein?" b) Sie tun so, als würden Sie ein Schild vorlesen: „Ja, tatsächlich. Da steht: Bei uns ist der Kunde König. Meinen Sie das?" c) „Doch, ich kann lesen. Und Sie können mich auch mal." (Wenn Sie Ihrem Ärger mal so richtig Luft machen wollen.)

2 a) „Ich merke schon: So wie Sie gelaunt sind, haben Sie eine Stärkung verdient." b) „Machen Sie keine Mittagspause, machen Sie eine Fortbildung, wie man seine Kunden behandelt." c) „Na, dann hoffe ich mal, dass es Ihnen in der Kantine genauso geht wie mir mit Ihnen und vor Ihrer Nase die Essensausgabe geschlossen wird."

3 a) „Ja, holen Sie bitte einen freundlichen Verkäufer."
b) „Wobei wollen Sie mir helfen? Beim Kunden erschrecken?" c) „Darf ich vorher noch meinen Anwalt anrufen?"

Praxistipps

- Versuchen Sie nach Möglichkeit aus der Situation herauszutreten (siehe „Der Schritt beiseite", S. 11).
- Unter unseren Lösungsvorschlägen befinden sich einige, die nicht sehr nett sind. Die mögen Ihnen als Pointen vielleicht am besten gefallen. Doch sollten Sie daran denken, dass es im praktischen Leben darum geht, miteinander auszukommen. Setzen Sie boshafte „Giftpfeile" daher nur ein, wenn Sie wirklich schwer angegriffen werden.

Gut gerüstet gegen Vordrängler

Übung 19
5 min

Jeder kennt die Situation, jeder ärgert sich darüber, doch kaum jemand bekommt den Mund auf, wenn sich ein anderer vordrängelt. Allenfalls wird herumkrakeelt: „Hinten anstellen!", oder rechthaberisch aufgetrumpft: „*Moment*, jetzt war *ich* erst dran!" Schlagfertig ist das natürlich nicht. Lernen Sie also, Ihre schlichte Botschaft („Hinten anstellen!") pfiffig zu verpacken.

Überlegen Sie sich fünf verschiedene Kommentare, die Sie bei nächster Gelegenheit anbringen können, wenn sich jemand unfällig vor Ihnen in der Schlange einreihen will.

Lösungstipps

- Viele Kommentare, die sich gegen Vordrängler richten, sind entweder zu spitzfindig oder zu rüde. Versuchen Sie einen Mittelweg zu finden. Geben Sie dem Vordrängler eindeutig zu verstehen, dass Sie sein Verhalten bemerkt haben und dass Sie erwarten, dass er sich hinten einreiht.
- Bleiben Sie dabei höflich, dann erzielen Sie den größten Effekt.

Lösung

Unsere fünf Vorschläge:

- „Wenn Sie das Ende von der Schlange suchen – das ist da hinten."
- „Bei dieser Schlange gibt es keine Abkürzung. Stellen Sie sich bitte hinten an!"
- „Sie sind versehentlich in die Mitte der Schlange geraten. Das Ende ist da hinten. Da müssen Sie sich anstellen."
- „Ich glaube, die zehn Leute, die noch hinter mir stehen, würden es Ihnen sehr übel nehmen, wenn Sie sich vordrängeln."
- „Entschuldigen Sie die Frage, aber: Warum stellen Sie sich nicht einfach hinten an?"

Praxistipps

- Originelle Fragen wie: „Sind Sie sicher, dass Sie am richtigen Ende der Schlange anstehen?", beantworten Vordrängler in der Regel gar nicht oder mit Ja – und bleiben hartnäckig an ihrem Platz. Bleiben Sie in solchen Fällen immer gelassen.
- Machen Sie keine viel sagenden Bemerkungen zu denen, die mit Ihnen brav anstehen. Wenden Sie sich direkt an den Vordrängler, denn er soll ja sein Verhalten ändern.

„Profiverkäufer" ausbremsen

Übung 20
5 min

Ihre Schlagfertigkeit ist auch dann gefragt, wenn Sie es mit extrem aufdringlichen Verkäufern oder Vertretern zu tun haben, die nicht eher locker lassen, bis sie Ihnen ein Lexikon oder einen passenden Anzug zur Krawatte verkauft haben. Daher üben wir, wie Sie sich dem Zugriff solcher „Verkaufsprofis" entziehen können. Wie reagieren Sie?

1 Am Telefon möchte eine Dame mit Ihnen einen Beratungstermin vereinbaren: „Passt Ihnen Dienstag oder Donnerstag?"

2 Sie werden auf der Straße angesprochen: „Darf ich Ihnen ein Buch schenken?"

3 Ein Verkäufer/Vertreter macht Ihnen ein interessantes Angebot, aber Sie möchten eigentlich noch mal darüber nachdenken. Er sagt: „Das Angebot gilt nur kurzfristig."

4 Am Ende des Verkaufsgesprächs präsentiert der Verkäufer sein Angebot: „Das ist jetzt genau das, was Sie wollten."

5 Der Verkäufer: „Wenn Sie heute den Vertrag abschließen, kann ich noch 5 % Preisnachlass für Sie rausholen."

Lösungstipps

Der Verkäufer nutzt die Tatsache aus, dass es uns schwer fällt unhöflich zu jemandem zu sein, der freundlich zu uns ist. Haben Sie ruhig den Mut, bei zu großer Penetranz unhöflich zu reagieren. Machen Sie deutlich, dass Sie wissen, was gespielt wird, und decken Sie die vermuteten Absichten auf, z. B. mit der Dolmetschertechnik (S. 42).

Lösung

Sie müssen damit rechnen, dass sich ein richtig aufdringlicher Verkäufer von einer einzigen schlagfertigen Abfuhr nicht gleich abschütteln lässt. Aber mit einer schlagfertigen Antwort können Sie das Abschütteln einleiten.

1 Ein beliebter Manipulationstrick. Ob Sie überhaupt an einem Gespräch Interesse haben, wird gar nicht erst gefragt, es wird einfach vorausgesetzt. Also sollten Sie genau hier einhaken. Entweder sachlich: „Bevor ich mit Ihnen einen Termin mache, möchte ich erst einmal wissen, ob das Beratungsgespräch überhaupt sinnvoll ist." Oder offensiv: „Wenn Sie sich schon so aufdrängen, dann möchte ich gar keinen Beratungstermin mit Ihnen."

2 Dieser beliebte Trick wird z. B. von Sekten eingesetzt, um mit Ihnen ins Gespräch zu kommen oder Sie zu einer Spende zu veranlassen. Lehnen Sie das Buchgeschenk höflich, aber unmissverständlich ab: „Nein danke. Ich habe schon eins." Oder Klartext: „Nein danke. Ich wünsche im Moment keine Gespräche über religiöse Fragen."

3 Auch wenn Ihnen das Angebot ganz verlockend erscheint – gegen ein ruhiges Überdenken wird ein halbwegs seriöser Verkäufer nichts einzuwenden haben. Und genau das können Sie ihm sagen: „Sie werden Verständnis haben, dass ich über die Sache noch einmal in aller Ruhe nachdenken / mich mit meinem Mann / meiner Frau / meinem Steuerberater besprechen möchte." Humorvolle Antworten wie „Heißt das, ich kriege das Ding in drei Wochen

zum halben Preis?" bringen nicht viel. Dadurch sinken Sie nur tiefer ein in den Sumpf des Verkaufsgesprächs.

4 Das Signal, dass der Verkäufer jetzt zum Abschluss kommen will. Geben Sie ihm zu verstehen, dass Sie sein Manöver durchschauen: „Sie meinen, ich sollte nicht länger über Ihr Angebot nachdenken, sondern endlich den Kaufvertrag unterschreiben." Oder: „ Sie wollen mir zu verstehen geben, dass Sie mir keine günstigeren Konditionen einräumen können."

5 Auch hier könnten Sie die vermuteten Absichten „spaßhaft" auf den Tisch bringen: „Fünf Prozent lassen Sie es sich kosten, wenn ich überstürzt den Kaufvertrag abschließe? Nun, dann werden Sie Ihre Gründe haben."

Einmischung unerwünscht

Übung 21
6 min

Wenn wir von den kleinen Ärgernissen des Alltags sprechen, so dürfen wir die Fälle nicht vergessen, in denen uns Unbeteiligte durch ihre Kommentare in Verlegenheit bringen. Gerade wenn wir nicht damit rechnen, dass sich jemand einmischt, bleiben wir oft die passende Antwort schuldig und fühlen uns unbehaglich. Deshalb sollten Sie sich schon einmal gedanklich vorbereiten. Was würden Sie denn in den folgenden Fällen antworten? Legen Sie sich zwei möglichst unterschiedliche Antworten zurecht.

1 Im Urlaub versuchen Sie einen Liegestuhl aufzubauen, doch aus irgendeinem Grund klappt das Ding immer wieder zusammen. Ein anderer Urlauber schaut Ihnen eine Weile zu und bemerkt schließlich: „So wie Sie das machen, *kann* das ja auch nicht funktionieren."

2 Frau Niklas ist mit ihrem Kind in der Stadt unterwegs. Das Kind ist quengelig und bekommt schließlich einen Wutanfall. Eine Passantin schüttelt den Kopf: „Was sind Sie für eine Mutter? Können Sie Ihr Kind nicht beruhigen?"

3 Der schwergewichtige Herr Bommer joggt schnaufend durch den Park, vorbei an zwei Jugendlichen, die rauchend auf einer Parkbank sitzen. „Guck mal", bemerkt der eine grinsend, „da will jemand den Weltrekord knacken."

4 Sie stehen an der Käsetheke und suchen verschiedene Sorten aus. Hinter sich hören Sie eine Stimme: „Manche Leute brauchen für Ihre Einkäufe eine Ewigkeit."

Lösungstipps

- Bei Ihrer ersten Antwort sollten Sie versuchen, den Kommentar einfach an sich abprallen zu lassen. Dazu stehen Ihnen mehrere Schlagfertigkeitstechniken zu Verfügung, die Sie am Anfang des Kapitels kennen gelernt haben: „Wie du mir, so ich dir" (S. 39), die „Honigzunge" (S. 43) oder das „absurde Theater" (S. 45).
- Zur zweiten Antwort: Versuchen Sie einmal, die lästigen Kommentare konstruktiv umzudeuten. Tun Sie einfach so, als würden die Nervensägen Ihnen helfen wollen. So etwas nennt man „positive Umdeutung".

Lösung

Wir präsentieren Ihnen zwei Alternativen: eine Antwort, mit der Sie den Kommentar zurückweisen, und eine, mit der Sie den Vorwurf gar nicht an sich heranlassen, die positive Unterstellung.

1 a) „Wieso denn das? Hat es einen kindersicheren Verschluss?" (Absurdes Theater) – b) „Das finde ich ja nett von Ihnen, dass Sie mir den Liegestuhl aufbauen wollen." (Positive Umdeutung)

2 a) „Sie meinen, die Kinder von guten Müttern bekommen niemals Wutanfälle." (Dolmetschertechnik) – b) „Nein, sagen Sie mir bitte, wie das geht." (Positive Umdeutung)

3 Unser Rat: Herr Bommer sollte einfach weiterlaufen und sich den Atem für eine Replik sparen. Wenn er aber eine schlagfertige Antwort geben will, so vielleicht diese hier: a) „Ihr habt den Weltrekord schon geknackt: im Dummschwätzen." („Wie du mir, so ich dir"-Technik) – b) „Na ja, wenn ihr mir fest die Daumen drückt, reicht es vielleicht noch zum Europarekord." (Positive Umdeutung)

4 a) „Sie meinen, wir alle sollten uns anstrengen, damit Sie Ihre Einkäufe möglichst rasch erledigen können." (Dolmetschertechnik) – b) „Keine Sorge. Ich brauche nicht länger als nötig." (Positive Umdeutung)

Schläge unter die Gürtellinie parieren

Hämische Bemerkungen abwehren

Übung 22
5 min

Eine weit verbreitete Methode, jemanden herabzusetzen, ist die Häme. Etwas ist nicht so gut gelaufen, vielleicht haben Sie auch einen Fehler gemacht. Ihr Gegenüber stellt das jedoch nicht sachlich fest, sondern bemerkt hämisch: „Das war ja wieder mal Weltklasse." Warum tut er das? Ganz einfach: Es geht ihm darum, einen komischen Kontrast herzustellen. Er will, dass Sie ausgelacht werden, er will Sie erniedrigen. Doch mit Schlagfertigkeit können Sie sich wehren. Stellen Sie mit Ihrer Antwort Ihre bedrohte Souveränität wieder her!

1 Bei einer Teambesprechung ist gerade ein Vorschlag abgelehnt worden. Sie melden sich mit einem weiteren zu Wort. Ein Kollege bemerkt: „Kommt jetzt wieder so ein genialer Vorschlag von Ihnen?"

2 Waltraud Vogel spielt Heimorgel. Sie wird gebeten, bei einem Betriebsfest etwas vorzutragen. Ein Kollege übernimmt die Rolle des Moderators und kündigt sie an als „unsere titanische Tastenlöwin". Die Leute lachen.

3 Sie haben an einem Schlagfertigkeitsseminar teilgenommen. Als Sie in die Firma zurückkehren, bemerkt ein Kollege: „Hier kommt der Weltmeister der Schlagfertigkeit!"

Lösung

Sie sollten versuchen, die Häme zu knacken und Ihren Gesprächspartner von seinem „uneigentlichen" Sprechen abzubringen. Das ist wesentlich wirksamer, als sich „humorvoll" auf das Spielchen einzulassen.

1 „Ob er genial ist, wird sich zeigen. Aber wir sollten schon über ihn reden, oder?"

2 Frau Vogel erklärt dem Publikum gelassen: „Ich hoffe, Sie sind nicht allzu enttäuscht, wenn ich Ihnen sage: Ich bin genauso wenig eine titanische Tastenlöwin wie mein geschätzter Kollege ein gewandter Moderator ist."

3 „Ich bin zwar nicht der Weltmeister der Schlagfertigkeit, aber du bist der Weltmeister der Einfallslosigkeit."

Praxistipps

Seien Sie nicht ironisch. Auch wenn Sie zum Gegenschlag ausholen (wie in Lösung 2 oder 3), sollten Sie keine Ironie oder Häme einsetzen, sondern Klartext reden.

■ *Auch wenn Ihnen kein passender Konter einfällt, können Sie sich wirksam schützen. Erklären Sie einfach: „Ich möchte, dass Sie diesen hämischen Tonfall ablegen." Sachliche Kritik ja – Häme nein. Selbst wenn Sie einen dicken Fehler gemacht haben, kann Ihnen der andere einen solchen Wunsch nicht verwehren. Sonst macht er sich zum Scheusal. Bestehen Sie also darauf, ohne Häme kritisiert zu werden.* ■

Auf Kränkungen kontern

Übung 23

5 min

Wie Sie souverän auf Beleidigungen reagieren können, haben wir bereits bei Übung 10 (S. 29) besprochen. Dort haben wir gesagt, dass man sich zu einem schlagfertigen Gegenangriff oft nicht in der Lage fühlt, wenn man beleidigt wird. Doch das galt nur für den Grundkurs. Mittlerweile haben Sie so viele Trainingseinheiten hinter sich, dass Sie daran denken können, zum Gegenangriff überzugehen. Dabei verfahren Sie nach dem Prinzip „Wie du mir, so ich dir" (S. 39). Damit Ihr Konter funktioniert, müssen Sie allerdings den bereits erwähnten Umweg nehmen: über ein Wortspiel, eine absurde Zustimmung oder die Umkehrung des Angriffs.
Können Sie auf die folgenden Beleidigungen kontern?

1 „Ihnen hat es wohl ins Hirn geregnet."
2 „Sie sind der größte Schwachkopf, der mir je begegnet ist."
3 „Wie laufen Sie denn hier rum? Wie der letzte Müllsack!"
4 „Sie sollten sich bei Gelegenheit mal wieder waschen."
5 „Ihnen haben sie wohl das Gehirn amputiert, was?!"
6 „Vollidiot!"
7 „Sie sind vielleicht ein Esel!"

Lösungstipp

Greifen Sie sich ein Element aus der Beleidigung heraus und spielen Sie damit. Sie können es umkehren, überbieten oder durch einen verwandten Begriff ersetzen. Ihre Antwort sollte den ursprünglichen Angriff steigern.

Lösung

Unsere Vorschläge:

1 „Und in Ihrem Hirn herrscht nach wie vor die große Trockenheit."

2 „Keine Sorge, irgendwann finden Sie schon einen noch größeren. Spätestens wenn Sie gegen den Spiegel rennen."

3 „Ich habe gar nicht gewusst, dass Müllsäcke laufen können. Abgesehen von Ihnen natürlich."

4 „Wieso? Dann müssten Sie ja alleine hier rumstinken!"

5 „Warum wollen Sie das wissen? Brauchen Sie eins?"

6 „Na ja, bei Ihnen hat es ja nicht einmal zum Halbidioten gereicht."

7 „Richtig, ich bin *vielleicht* ein Esel. Aber Sie sind ganz sicher einer!"

Praxistipps

Inhaltlich müssen Sie den Angriff gar nicht „toppen", es genügt, wenn es sich so anhört. Warnung: Für die friedliche Belegung von Konflikten sind solche Antworten natürlich nicht geeignet.

Die „gewissen" Anspielungen zurückweisen

Übung 24

5 min

Manche „Schläge unter die Gürtellinie" visieren ganz buchstäblich diesen Bereich an. Es geht um sexuelle Anspielungen, mit denen Sie in Verlegenheit gebracht werden sollen. Mit einer schlagfertigen Antwort können Sie das jedoch nachhaltig verhindern. Je nach Charakter und Temperament stehen Ihnen zwei unterschiedliche Wege offen: Entweder machen Sie dem andern unmissverständlich klar, dass in Ihrer Gegenwart für solche schlüpfrigen Bemerkungen kein Platz ist. Oder Sie halten dagegen, lassen sich sozusagen auf das „Spielchen" ein und überbieten die Anspielungen durch unerwartete Drastik. Wie würden Sie in den folgenden Fällen reagieren?

1. Herr Gerges bemerkt genießerisch zu einer jungen Kollegin: „Also, ich finde, in unserer Abteilung sollten alle Frauen Minirock tragen. Sind Sie nicht auch dafür, Frau Hellmann?"
2. Herr Mälzer zu einer älteren Kollegin: „Jetzt tun Sie doch nicht so prüde. Frauen wie Sie sind doch ganz wild darauf, mit mir eine Nacht zu verbringen! Geben Sie es ruhig zu!"
3. Herr Leder mokiert sich über einen jungen Kollegen, der über einen deftigen Sexwitz nicht lachen konnte: „Na, Sie sind wohl einer von der Sorte Frauenversteher und Sitzpinkler, wie?"

Lösung

Es gibt eine ultimative Allzweckantwort, mit der Sie sich Respekt verschaffen können: „Hören Sie mal, ich weiß zwar nicht, was mit Ihrem Sexualleben nicht stimmt, dass Sie uns ständig solche Bemerkungen zumuten. Es interessiert mich auch nicht. Ich weiß nur, dass ich solche Bemerkungen bei meiner Arbeit nicht hören möchte. Ende der Durchsage."

Vielleicht klingt Ihnen das zu hart und aggressiv. Für unsere drei Beispiele haben wir auch eine Antwort gefunden, bei der Sie sich in gewissem Sinn auf das Spielchen einlassen.

1. „Na klar, Herr Gerges. Wenn Sie damit anfangen!"
2. „Wieso meinen Sie das? Weil ich mir dann die Schlaftablette spare?"
3. „Na ja, dass Sie mehr vom Pinkeln als von Frauen verstehen, das glaube ich Ihnen sofort."

Praxistipps

Was immer Sie sagen, entscheidend ist, dass Sie sich nicht in Verlegenheit bringen lassen. Bleiben Sie gelassen oder schlagen Sie einen deutlichen Ton an. Ob das Mitspielen oder die „Durchsage" dabei geeigneter ist, hängt auch von der Art der Anspielung ab. Manche Männer wollen auf diese Weise nur lustig und „locker" sein. Da könnte ein scharfer Ton unangebracht sein und das Verhältnis zu Ihren „witzelnden" Kollegen belasten. Auf der anderen Seite könnten Ihre Kollegen, wenn Sie das Spiel souverän mitspielen, erst recht auf den Geschmack kommen.

Peinliche Situationen bestehen

Flecke und „Toilettenfehler" Übung 25

5 min

Es genügt nicht schlagfertig zu antworten, wenn Sie angegriffen werden. Ihnen sollten auch dann nicht die Worte ausgehen, wenn Sie in eine peinliche Lage geraten. Ja, hier zeigt sich besonders die „Magie der Schlagfertigkeit" – ein einziger Satz kann Sie (und Ihre Mitmenschen) aus der misslichen Situation befreien.

Denken Sie darüber nach, was Sie in folgenden Fällen sagen würden.

1 Der „Klassiker" unter den peinlichen Situationen: Sie halten einen kleinen Vortrag. Dabei steht der Reißverschluss Ihrer Hose (wahlweise vom Rock) offen. Jemand macht Sie dezent auf den „Toilettenfehler" aufmerksam.

2 Für ihr Vorstellungsgespräch hat Frau Hansen einen schicken Hosenanzug günstig erstanden. Das Gespräch läuft gut, sie kann sich souverän darstellen. Plötzlich bemerkt sie, dass sie vergessen hat, an Ihrem Jackett das Preisetikett abzumachen. Ihr Gegenüber grinst breit.

3 Auf einer Party stoßen Sie ein volles Rotweinglas um. Das blütenweiße Hemd Ihres Gesprächspartners färbt sich rot.

4 Auf einer anderen Party bemerkt jemand halblaut zu Ihnen: „Sie, äh, haben da vorne einen Fleck auf Ihrer Hose."

Lösung

Vor allem sollten Sie wissen, was Sie nicht tun sollten: sich rechtfertigen oder weitschweifige Erklärungen abgeben („So was ist mir noch nie passiert, aber es lag auch daran, dass ..."). Überhaupt ist es ungünstig, den Vorfall breitzutreten, auch nicht humoristisch oder selbstironisch. Gehen Sie nicht über den Vorfall hinweg, aber machen Sie kein Drama daraus. Jeder weiß: Solche Peinlichkeiten kommen nun einmal vor. Ist jemand zu Schaden gekommen (Rotwein!), bringen Sie die Sache in Ordnung. Ansonsten genügt ein kurzer Kommentar, sachlich, augenzwinkernd oder auch absurd. Damit ist der Fall erledigt, und alle sind Ihnen dankbar.

1 Sie schließen dezent die Hose und bemerken ruhig: „Danke für die Wortmeldung. Ist Ihnen vielleicht sonst noch was aufgefallen?"

2 „Wie Sie sehen, hatte ich noch keine Zeit, das Preisschild zu entfernen. So eilig hatte ich es, zu Ihnen zu kommen."

3 Keine „lustigen" Bemerkungen. Entschuldigen Sie sich und bieten Sie an, den Schaden zu ersetzen.

4 „Meine saubere Hose konnte ich nicht anziehen. Die hatte an der Stelle ein Loch."

Praxistipp

Die Kunst besteht darin, sich nicht in Verlegenheit bringen zu lassen. Am ehesten gelingt Ihnen das, wenn Sie solche Situationen vorher im Geist durchgespielt haben.

Missgeschicke meistern

Übung 26
5 min

Vielleicht kennen Sie die Situation: Bei einem offiziellen oder festlichen Anlass gehen Sie freudig auf jemanden zu, gleiten aus und fallen hin. Den Umstehenden fällt es schwer, ein Lachen zu unterdrücken. Niemand wünscht Ihnen irgendetwas Böses, aber Sie fühlen sich ein wenig gedemütigt.

Mit einer schlagfertigen Bemerkung könnten Sie die Lacher auf Ihre Seite ziehen. Dann lachen die andern nicht mehr über Sie, sondern mit Ihnen.

Haben Sie eine Idee, was Sie in einem solchen Fall sagen sollten? Überlegen Sie sich auch eine Antwort zu den beiden anderen Beispielen.

1 Bei einem festlichen Anlass rutschen Sie aus und klammern sich an das Geländer der Treppe. Die andern kichern.

2 Sie tragen ein feines, aber etwas eng geschnittenes Beinkleid und müssen sich bücken. Ihre Hose reißt an einer delikaten Stelle.

3 Sie sind Gast bei einer Slapstick-Show, bei der auch mit Torten geworfen wird. Eine landet versehentlich in Ihrem Gesicht.

Lösungstipp

Es genügt, wenn Sie sich von der peinlichen Situation nicht überwältigen lassen. Vollziehen Sie den „Schritt beiseite" (S. 11).

Lösung

Was tun in einer Situation, in der Ihnen Ihre Souveränität zu entgleiten droht? Ganz einfach, Sie distanzieren sich. Sie signalisieren den Beteiligten oder Umstehenden, dass Sie die Situation nicht ganz ernst nehmen, dass Sie sich nicht als Opfer betrachten, sondern über den Dingen stehen – und lachen mit. Die andern, die im Übrigen gar nicht aus Schadenfreude kichern, werden nun befreiter lachen und beeindruckt sein, wie souverän Sie Ihr Missgeschick wegstecken.

Bloßes Mitlachen reicht allerdings nicht aus. Machen Sie eine Bemerkung, die zeigt, dass Sie die Sache mit Humor nehmen – ein wenig im Sinne des „absurden Theaters". Als Gedankenstütze kann vielleicht eine widersinnige Überlegung dienen, wie Sie es „beim nächsten Mal" machen. Unsere Vorschläge:

1 „Nächstes Mal mache ich noch einen Salto dazu."
2 „Beim nächsten Mal ziehe ich doch wieder meinen Jogginganzug an."
3 „Das nächste Mal nehmen Sie bitte Malakofftorte."

Praxistipp

Sie brauchen keine besonders originellen Einfälle zu haben. Die Situation hat so viel Eigendynamik, dass beinahe jede Bemerkung in Frage kommt, mit der Sie Ihren „Schritt beiseite" machen. So könnten Sie beispielsweise auch fragen, nachdem Sie hingepurzelt sind: „Nun? Wie war ich?"

Andern aus peinlichen Lagen heraushelfen

Übung 27
5 min

Schlagfertigkeit ist nicht nur nützlich, um sich selbst aus unangenehmen Situationen zu befreien. Mit einer treffenden Bemerkung können Sie auch Ihren Mitmenschen den Weg ebnen, aus einer peinlichen Lage herauszukommen. Damit tun Sie nicht nur den andern einen Gefallen, es macht den Umgang auch für Sie angenehmer, denn im Allgemeinen ist es nie besonders erfreulich, wenn sich unser Gegenüber in Grund und Boden schämt. Wie aber können Sie dem andern helfen?

Versuchen Sie es wieder einmal mit dem „Schritt beiseite" und finden Sie zwei passende Kommentare für die folgenden drei Situationen:

1. Bei einem Stadtbummel schlägt Ihnen von hinten jemand auf die Schulter und blökt: „Na, Hotte, alte Schweinebacke!" Sie drehen sich um und blicken in das entgeisterte Gesicht eines fremden Mannes. Offenbar eine Verwechslung.
2. Als Herr Kladen eine Telefonnotiz auf den Schreibtisch seines Kollegen legt, sieht er zufällig ein Sexheft. Der Kollege kommt hinzu und wird feuerrot.
3. Sie sitzen im Restaurant. Die Kellnerin gerät ins Stolpern und stößt Ihre halb leere Rotweinflasche um. Der Inhalt ergießt sich über das Tischtuch.

Lösung

Mit spielerischen Bemerkungen können Sie die Situation entkrampfen. Sie zeigen, dass Sie dem andern nicht böse sind und ihn nicht bloßstellen wollen. Das ist souverän.

Unsere Vorschläge:

1 „Tut mir leid, ich bin nicht Hotte. Aber vielleicht haben Sie bei der nächsten Schweinebacke mehr Glück." Oder: „Wenn Sie Ihre Bekannten immer so begrüßen, dann wundert es mich nicht, dass sie sich vor Ihnen verstecken."

2 „Ah ja, die naturwissenschaftliche Rundschau. Lese ich selbst gern." Oder: „Tauschen Sie das hier gegen die aktuelle Wirtschaftswoche?"

3 „Haben wir zu langsam getrunken?" Oder: „Das nächste Mal bitte in die Gläser."

Praxistipp

Sie können nur jemandem aus einer peinlichen Situation heraushelfen, wenn Sie in irgendeiner Weise der „Geschädigte" sind. Wenn jemand ausgleitet wie in Übung 26 (S. 65) beschrieben, dann sollten Sie sich mit scheinbar entkrampfenden Bemerkungen („Na, und das nächste Mal mit Salto, bitteschön!") tunlichst zurückhalten.

Schlagfertigkeit im Beruf: Jederzeit souverän bleiben

In diesem Kapitel lernen Sie,

- in beruflichen Situationen richtig zu reagieren,
- ungerechter Kritik zu begegnen,
- bei Ihrem Publikum Punkte zu sammeln,
- dem andern Geschlecht gegenüber schlagfertig zu reagieren und
- auch gegenüber Ihrem Vorgesetzten Ihre Souveränität zu bewahren.

Darum geht es in der Praxis

Schlagfertigkeit im Beruf? Nein danke, das ist mir viel zu riskant, meinen manche. Ein frecher Spruch, der bei meinen Freunden bestens ankommt, kann mir am Arbeitsplatz gewaltigen Ärger einbringen.

Das ist gar nicht so falsch: Vor manchen lässigen Sprüchen und forschen Standardantworten, die Sie in einigen Publikationen finden, sollten Sie die Finger lassen. Wie aus dem aktuellen Mobbingbericht der Bundesregierung hervorgeht, beginnt Mobbing oft mit einer verletzenden, kränkenden Bemerkung. Der „Mobber" zahlt es Ihnen dann auf seine Weise heim.

Das heißt nun aber gerade nicht, dass Sie im Beruf nicht von Schlagfertigkeit profitieren können. Das Gegenteil ist der Fall. Denn gerade am Arbeitsplatz müssen Sie sich behaupten, müssen Ihre Souveränität schützen vor Mitmenschen, die es mitunter nicht so gut mit Ihnen meinen wie Ihre Freunde. Schlagfertigkeit ist die Fähigkeit, die Sie dazu brauchen.

Am Arbeitsplatz geht es also nicht um den zündenden Spruch, mit dem Sie Ihre Entertainerqualitäten unter Beweis stellen können. Es geht um die passende Antwort, mit der Sie sich schützen und Ihre Interessen wahren können – nach Möglichkeit ohne den anderen zu verletzen.

Wie Sie ungerechtfertigte Kritik zurückweisen

Pauschalurteile aufdröseln

Übung 28
5 min

Sehr verbreitet sind die so genannten Pauschalurteile. Ihr Gegenüber sagt nicht genau, was ihm nicht gefallen hat; er qualifiziert die Sache einfach ab: „Das war Mist", oder: „Also, *mir* hat es nicht gefallen." Besonders verletzend wirken solche Pauschalurteile, wenn Sie viel Mühe investiert haben und der Ansicht sind, dass Sie es so schlecht gar nicht gemacht haben. Dann fühlen Sie sich gekränkt und beginnen sich zu rechtfertigen. Meistens ernten Sie damit aber nur höhnisches oder mitleidiges Grinsen. So kommen Sie also nicht weiter. Aber wie dann?

Überlegen Sie sich für die folgenden Fälle eine bessere Lösung.

1 Sie unterbreiten einen neuen Vorschlag. Die Reaktion Ihres Gegenübers: „Kommen Sie mir nicht mit diesem alten Käse."

2 Sie feilen tagelang an einer Präsentation. Der erste Kommentar, nachdem Sie sie gehalten haben: „Da haben Sie es sich aber leicht gemacht."

3 Sie informieren einen Kollegen/Kunden/Vorgesetzten gründlich über ein sensibles Thema. Seine Bemerkung: „Ich glaube Ihnen kein Wort."

Lösungstipps

- Es gibt einige nahe liegende Reaktionsweisen, die Sie jedoch vermeiden sollten, denn sie helfen Ihnen nicht weiter. Dazu gehören der Gegenangriff (das bringt Ärger), der witzige Kommentar (den man sich vielleicht beim Schlagfertigkeitsseminar einfallen lässt, im Ernstfall aber aus guten Gründen verkneift) und das Eigenlob: „Ich weiß nicht, was Sie haben, mir gefällt's!" Mit solchen Aussagen sinken Sie noch tiefer ein in den Morast der unangenehmen Situation. Ihr Gegenüber gewinnt den Eindruck: Nicht allein dass er Mist baut, er ist auch noch stolz darauf.
- Was Sie aber nicht akzeptieren sollten, das ist die Unbestimmtheit der Vorwürfe. Mit welcher sprachlichen Strategie können Sie die Kritik leicht aushebeln?
- Versuchen Sie, die Diskussion auf eine sachliche Ebene zu bringen.

Lösung

Eine souveräne Reaktion ist, wenn Sie einmal genauer nachfragen, was hinter dem Pauschalurteil steckt, und zwar, wenn es sein muss, hartnäckig. Ihre Nachfragen könnten etwa so lauten:

1 „Was meinen Sie bitte mit altem Käse?" Ihr Gegenüber: „Was Sie uns da anbieten, haben wir doch schon vor Jahren ausprobiert. Und es ist schief gelaufen." Sie haken wiederum nach: „Warum ist es denn damals schief gelaufen?"

2 Sie erkundigen sich ruhig: „Wie kommen Sie darauf, ich hätte es mir leicht gemacht?" Der andere: „Über wesentliche Fragen sind Sie schnell hinweggegangen." Sie haken weiter nach: „Von welchen wesentlichen Fragen sprechen Sie?"

3 „Was bringt Sie zu dieser Einschätzung?" Der andere: „Was Sie über XY erzählt haben, kann überhaupt nicht sein." Sie bleiben hartnäckig beim Thema: „Wieso meinen Sie, dass das nicht sein kann?"

Praxistipps

- Wehren Sie sich *nicht* dagegen, dass Sie so negativ beurteilt werden, obwohl Sie sich so angestrengt haben. Es sei denn, Sie legen Wert darauf, als „Mimose" oder "„beleidigte Leberwurst" zu gelten. Ein negatives Urteil müssen Sie sich im Berufsleben immer gefallen lassen.
- Versuchen Sie jedoch, den andern zu Aussagen in der Sache zu bringen. Das entspannt die Situation. Nageln Sie ihn so lange fest, bis seine Kritik inhaltlich Substanz bekommt. Dann wissen Sie, was dahinter steckt und können dazu Stellung beziehen. Vielleicht finden Sie die Kritik ja sogar einleuchtend und können dennoch gute Gründe anführen, warum Sie es anders gemacht haben.
- In manchen Fällen wird Ihr Gegenüber bei seinen pauschalen Aussagen bleiben. Auf Ihre Nachfragen kommen immer weitere Allgemeinplätze ans Licht. Vielleicht bricht der andere auch die Unterhaltung mit sehr unfreundlichen Worten ab: „Ich habe keine Lust, mich weiter mit Ihnen über Ihren Käse zu unterhalten." Das ist ein siche-

res Zeichen dafür, dass der andere kapituliert hat. Wie Sie eine solche Kapitulation für alle erkennbar machen können, wird uns bei der nächsten Übung beschäftigen.

- Bedenken Sie: Manchmal sind Pauschalurteile nichts weiter als die Lust Ihres Gesprächspartners an „starken Worten". Ihm gefällt es, sich so negativ auszudrücken.

Natürlich sollten Sie nur so lange Ihre Fragerei fortsetzen, wie es für Sie inhaltlichen Klärungsbedarf gibt. Wenn Sie selbst zu der Einsicht gelangen, dass Ihr Gegenüber eigentlich Recht hat, sollten Sie ihn das sogar wissen lassen. Kaum etwas wird den andern so sehr für Sie einnehmen wie die Gewissheit, dass Sie sich von ihm haben überzeugen lassen.

Unsachliche Kritik aushebeln

Übung 29
5 min

Kann sich hinter Pauschalurteilen noch eine berechtigte Kritik verbergen, ist das bei unsachlicher Kritik ausgeschlossen. Es geht nicht um eine inhaltliche Auseinandersetzung, sondern darum, jemanden abzuwerten, und zwar ohne stichhaltige Argumente. Insoweit ist es auch nicht sinnvoll, weiter nachzufragen, was denn *hinter* der unsachlichen Kritik steckt. Mit unsachlichen Argumenten kann man sich nicht auseinandersetzen. Aber wie soll man dann schlagfertig damit umgehen? Finden Sie für die folgenden Fälle zwei Lösungen, eine „harte" und eine „weiche", diplomatische.

1. Sie präsentieren ein Konzept. Ein Kollege erkundigt sich, wie lange Sie dafür gebraucht hätten. Sie antworten, dass Sie das letzte Vierteljahr daran gearbeitet haben. Sein Kommentar: „Also, unser Praktikant hätte das an einem Nachmittag hingebracht."
2. Ein Kollege äußert sich über Sie: „Sie können nicht mit Menschen umgehen. Kein Wunder, dass sich Ihre Frau/Ihr Mann hat scheiden lassen."
3. Bei der Erledigung einer wichtigen Aufgabe unterläuft Ihnen ein kleiner Fehler. „Damit fängt es schon mal an", bemerkt ein Kollege. „Dass Sie nicht mal daran gedacht haben, sagt doch schon alles."

Lösungstipp

Denken Sie an die Dolmetschertechniken!

Lösung

1 a) „Sie sind unzufrieden mit dem Konzept. Warum?" (Weiche Variante, Dolmetschertechnik, Sie lenken geschickt auf die Sachebene hinüber.) b) „Solche polemischen Bemerkungen sind völlig fehl am Platz. Üben Sie sachlich Kritik." (Harte Variante, isoliert den anderen.)

2 a) „Sie wollen über Eheprobleme reden. Ich möchte, dass wir bei der Sache bleiben." (Noch weiche Lösung, Zuspitzung) b) „Habe ich Sie richtig verstanden? Sie meinen ernsthaft, dass jeder, der sich scheiden lässt, nicht mit Menschen umgehen kann?" (Relativ harte Lösung, Dolmetschertechnik)

3 a) „Sie meinen, wem ein kleiner Fehler unterläuft, der macht alles falsch." (Weiche Variante, Dolmetschertechnik) b) „Sie meinen, wenn Sie schon einen Fehler bemerken, dann muss es wirklich schlimm stehen." (Harte Variante, Dolmetschertechnik)

Praxistipps

- Die „weiche" Lösung empfiehlt sich, wenn Sie die Beziehung zum anderen nicht belasten wollen, also auf jeden Fall bei Ihren Vorgesetzten, aber auch bei Kollegen, mit denen Sie auskommen müssen. Eine „härtere" Gangart sollten Sie einlegen, wenn Ihr Gegenüber Sie zu demütigen versucht und Sie sich behaupten müssen.
- Sie tun sich keinen Gefallen, wenn Sie mit gleichen Mitteln zurückschlagen. Insoweit sollten Sie auch bei einer harten Antworten Unsachlichkeit vermeiden.

Killerphrasen kontern

Übung 30
4 min

Berühmt-berüchtigt sind die so genannten „Killerphrasen", Allzwecksätze, mit denen man jeden Vorschlag, jeden Beitrag, jedes Engagement niederbügeln kann. Im Folgenden finden Sie eine Sammlung beliebter „Killerphrasen", auf die Sie sich eine Antwort zurechtlegen sollten.

1 „Ihr Vorschlag ist doch von gestern."
2 „Als Praktiker sage ich Ihnen: Das können Sie vergessen!"
3 „Wie Sie wissen, gibt es da aber auch ganz andere Auffassungen als Ihre."
4 „Darauf bin ich auch schon gekommen. Aber es funktioniert nicht."
5 „Wo leben Sie eigentlich? Wissen Sie nicht, was da draußen los ist?"
6 Im Zeitalter der „emotionalen Intelligenz" die ultimative Killerphrase: „Vom Verstand her würde ich sagen: Ja. Aber mein Gefühl sagt mir: Nein."

Lösungstipp

Eine oft gehörte Standardreplik auf Killerphrasen lautet: „Hören Sie doch auf mit Ihren Killerphrasen!" Das ist zwar besser als gar nichts, klingt aber auch nicht ganz überzeugend. Denn hinter den verrufenen Killerphrasen lauert vielleicht doch ein ernst zu nehmendes Argument (z. B. zu hohe Kosten). Bedenken Sie dies bei Ihrer Antwort.

Lösung

Viele Erwiderungen sind möglich, zum Beispiel:

1 „Dann wird es langsam Zeit, dass wir ihn umsetzen."

2 „Als Mensch, der ganz praktisch denkt, frage ich Sie: Warum denn?"

3 „Zu jedem Thema gibt es unterschiedliche Auffassungen. Wie denken Sie denn darüber?"

4 „Wenn zwei intelligente Menschen darauf gekommen sind, dann kann die Idee doch gar nicht so schlecht sein. Lassen Sie uns überlegen, wie man sie realisieren kann."

5 „Doch. Gerade darum habe ich Ihnen ja meinen Vorschlag vorgelegt."

6 „Manchmal ist der Verstand eben doch klüger als das Gefühl."

Schlagfertig vor Publikum

Witzige Ablenkungsmanöver ausbremsen

Übung 31

5 min

Sie haben die besseren Argumente auf Ihrer Seite. Zumindest sind Sie fest davon überzeugt. Doch dann macht Ihr Gegenüber eine launige Bemerkung, womöglich noch auf Ihre Kosten, und die Zuhörer beginnen zu lachen. So etwas kann einen ganz schön aus dem Konzept bringen. Es sei denn, Sie legen sich für solche Fälle die passenden Antworten zurecht.

1. Eine heiße Diskussion. Im Gegensatz zu Ihrem Gesprächspartner sind Sie stark ins Schwitzen geraten. Ihr Gegenüber bemerkt beiläufig: „Wenn ich mir Sie so anschaue, habe ich direkt Sorge, dass Sie uns gleich davonschwimmen."
2. Der andere bemerkt: „Ich war gestern mit meinen Neffen im Zoo. Und da haben wir einen Gorilla gesehen. Der hat uns plötzlich mit Kot beworfen. Warum muss ich jetzt bloß an diesen Gorilla denken?"
3. Ihr Gegenüber lehnt sich entspannt zurück: „Die ganze Diskussion erinnert mich mehr und mehr an den Witz von den beiden Schornsteinfegern, von denen der eine …" Sie trauen Ihren Ohren nicht. Der Witz hat zwar mit dem Thema nichts zu tun, aber er kommt bei den Zuhörern an. Wie antworten, um nicht als Miesepeter dazustehen?

Lösung

Eine elegante Standardantwort, die fast immer passt, lässt das Ablenkungsmanöver souverän ins Leere laufen: „Sie machen sich Gedanken über Schwitzflecken / Kot werfende Gorillas / Schornsteinfeger, ich will hingegen über XY reden. Und da fällt mir auf ..."

Noch souveräner wirkt es allerdings, wenn Sie die Bemerkung, die für so viel Heiterkeit gesorgt hat, kurz aufgreifen und zu einem Konter nutzen. Unsere Vorschläge:

1 „Ihre Sorge ist unbegründet. Ich schwimme nicht eher davon, als bis der letzte der Anwesenden gemerkt hat, dass Ihre Argumente nicht stichhaltig sind."

2 „Keine Ahnung, aber der Gorilla wollte Sie schon mal im Voraus für den Unsinn bestrafen, den Sie uns heute erzählen."

3 „Mich erinnert die Diskussion eher an den Witz von dem Mann, dem die Argumente ausgehen. Und darum lassen Sie uns zum Thema zurückkehren ..."

Praxistipp

Bleiben Sie vollkommen gelassen. Sie können sogar mitlachen, ohne sich etwas zu vergeben. Entscheidend ist, dass Sie in Ihrer Antwort das Ablenkungsmanöver beim Namen nennen und zu Ihrem eigentlichen Thema zurückkehren.

Ins Wort fallen will gelernt sein

Übung 32

5 min

Einer stillschweigenden Übereinkunft zufolge darf man den anderen nicht unterbrechen, wenn er spricht. Kaum jemand hält sich daran. Und deshalb ist der häufigste Satz, den man bei einer Diskussion zu hören bekommt: „Darf ich bitte ausreden?" Damit wird der Unterbrecher ins Unrecht gesetzt und erscheint als aufdringlicher Flegel.

Doch manchmal muss man einfach unterbrechen, damit die Diskussion nicht ausartet. Mit klugen, witzigen, mit einem Wort: schlagfertigen Kommentaren können Sie beim Publikum punkten – und den andern verunsichern.

1 Ihr Kontrahent ist auf der Suche nach einem möglichst konkreten Beispiel: „Ich sage Ihnen nur mal: mein Schwager ..." Wie unterbrechen Sie?

2 Der andere redet und redet. Sie fallen ihm ins Wort (Stichwort: Schwager). Er sagt den magischen Satz: „Darf ich bitte ausreden?" Was erwidern Sie?

3 Ihr Kontrahent: „Ich kann das ewige Krisengerede nicht mehr hören. Erinnern wir uns nur: Vor drei Jahren, da standen wir am Rande des Abgrunds ..."

Lösungstipps

Fassen Sie sich kurz. Auch haben die Zuhörer wenig Interesse daran, wenn Sie nur Ihre Missbilligung („Blödsinn!" „Stimmt nicht!") zum Ausdruck bringen. Im Idealfall bringen Sie das Verhalten Ihres Kontrahenten auf den Punkt.

Lösung

Hier unsere Vorschläge:

1 „Wir wollen doch nicht über Ihren Schwager reden …" Oder: „Komischerweise fällt Ihnen immer nur Ihr Schwager ein."

2 „Sie reden doch schon die ganze Zeit. Wann haben Sie denn ausgeredet?" Oder ziemlich aggressiv: „Nur wenn Sie etwas zu sagen haben. Sonst stehlen Sie uns nur unsere Zeit."

3 „… und heute sind wir einen Schritt weiter!"

Praxistipps

- Gerade wenn Sie sehr schlagfertig sind, sollten Sie darauf achten, dass Sie dem andern nur dann ins Wort fallen, wenn es sich wirklich lohnt. Ein einziger Volltreffer ist wesentlich besser, als wenn Sie noch drei, vier Mal „nachstoßen". Dann erscheinen Sie nämlich nicht als schlagfertig, sondern als rücksichtslos.
- Mit vernichtenden oder verächtlichen Kommentaren sollten Sie vorsichtig sein. Es wirkt souveräner, wenn bei den Zuhörern der Eindruck entsteht, Sie hätten den andern milde behandelt.

Ihr knapper, präziser Kommentar darf die Zuhörer ruhig zum Lachen bringen. Besonders elegant wirkt es, wenn Sie den Gedankengang Ihres Kontrahenten fortsetzen und dabei zu einem ganz anderen Ergebnis kommen (wie in Beispiel 3).

Auf Unterstellungsfragen antworten

Übung 33

5 min

Wenn Sie vor Publikum sprechen müssen, sollten Sie für Unterstellungen besonders aufmerksam sein. Denn wenn Sie nicht Acht geben, kann es Ihnen geschehen, dass Ihnen der andere eine Aussage unterschmuggelt, die Sie so niemals treffen würden. Besonders beliebt ist die Methode, eine Feststellung, die nicht ganz falsch ist, aber einen negativen Unterton hat, mit einer Frage zu verbinden. Wenn Sie hier nicht einhaken, haben Sie die Unterstellung akzeptiert – und alle haben es gehört.

Wie würden Sie die folgenden Unterstellungsfragen beantworten? Können Sie Ihre Antwort noch mit einem Gegenangriff versehen?

1. „Sie haben vorhin selbst eingeräumt, dass Sie Fehler gemacht haben. Warum kleben Sie eigentlich so an dieser Aufgabe?"
2. „In Ihrer Abteilung gibt es doch ein einziges Hickhack. Müssten Sie da nicht mal ein Machtwort sprechen?"
3. „Sie sind ja schon eine Ewigkeit in dieser Position. Wäre es da nicht an der Zeit, den Platz freizumachen für jüngere Kräfte?"

Lösungstipp

Sehen Sie sich noch einmal die Übung 11 auf Seite 31 an. Auch hier haben Sie es mit Unterstellungen zu tun.

Lösung

Um die Unterstellungsfrage zu knacken, stellen Sie einfach die Behauptung im ersten Satz richtig. Gerade wenn die Behauptung nicht ganz falsch ist, müssen Sie Ihre Sicht der Dinge darlegen und die Unterstellung zurückweisen. Damit fällt die Anschlussfrage in sich zusammen.

1 „Fehler machen wir alle. Und es ist gewiss nicht die schlechteste Eigenschaft, sich das gelegentlich in Erinnerung zu rufen. Oder halten Sie sich für perfekt?"

2 „In meiner Abteilung gibt es kein Hickhack, sondern einen produktiven Meinungsaustausch. Insoweit gibt es auch keinen Anlass, ein Machtwort zu sprechen. Oder hauen Sie gleich mit der Faust auf den Tisch, sobald Ihre Mitarbeiter anfangen selbstständig zu denken?"

3 „Ich bin seit fünf Jahren in dieser Position. Wenn Ihnen das wie eine Ewigkeit vorkommt, sagt das einiges über Ihren zeitlichen Horizont aus."

Praxistipps

- Subtil formulierte Unterstellungsfragen können ein sehr wirksames Mittel sein, den andern in die Enge zu treiben. Unerfahrene Diskutanten gehen regelmäßig in diese Falle.
- Auch ein beliebter Trick ist es, dem andern etwas zu unterstellen, was zwar nicht ganz stimmt, was ihm jedoch jeder zutraut. Dann ist der Angegriffene gezwungen, sich zu verteidigen. Die möglichen Schwachpunkte der Gegenseite kommen jedoch gar nicht zur Sprache.

Souverän bei Zwischenrufen

Übung 34
5 min

Zwischenrufe sind gefürchtet. Vor allem bei denen, die nicht gewohnt sind, vor einem Publikum zu sprechen. Denn Zwischenrufe sind oft unberechenbar; schon eine einzige Bemerkung kann einen völlig aus dem Konzept bringen.

Dabei eröffnet der souveräne Umgang mit Zwischenrufen eine unvergleichliche Chance, den eigenen Standpunkt überzeugender zu vermitteln. Ihr Vortrag wird lebendiger, Sie können sich als humorvoll und kompetent präsentieren. Bei Zwischenrufen haben Sie als Vortragender einen klaren Vorteil. Sie müssen ihn nur nutzen. Haben Sie eine Idee, wie?

1 Sie sind gerade dabei, das neue Servicekonzept zu erläutern. Von hinten meldet sich eine Stimme: „Letztes Jahr haben Sie uns noch das Gegenteil erzählt."

2 Herr Arnold stellt ein neues Produkt vor, eine spezielle Fitnessnahrung. Ironischer Kommentar aus dem Publikum: „Sieht aus wie Hundefutter."

3 Frau Holler hält einen Vortrag zum Thema Präsentieren. Ein älterer Herr meldet sich zu Wort: „Erlauben Sie eine Zwischenfrage: Warum haben Sie die neuesten Erkenntnisse der Hirnforschung nicht berücksichtigt?"

4 Frau Bermann vertritt ihre Firma bei einer Podiumsdiskussion. Aus dem Publikum kommen immer wieder Rufe wie: „Schluss mit den Tierversuchen!"

Lösung

Für Zwischenrufe gilt die gleiche stillschweigende Übereinkunft wie für Unterbrechungen (vgl. Übung 32, S. 81): Sie werden als Störung empfunden. Gehen Sie freundlich mit Zwischenrufern um, macht Sie das sympathisch. Wer sie hingegen abkanzelt, wirkt arrogant. Lenken Sie jedoch sofort wieder auf Ihr eigentliches Thema zurück. Wenn Sie abschweifen („Zwischenfragen beantworten"), wird Ihnen das im Allgemeinen nicht positiv angerechnet. Unsere Vorschläge:

1 „Sie scheinen grundlegende Bedenken gegen das Konzept zu haben. Lassen Sie mich es Ihnen komplett vorstellen, damit wir darüber reden können."

2 „Ich weiß nicht, was Sie Ihrem Hund zu fressen geben. Wenn er das hier bekommt, sollten Sie ihn gleich im Fitness-Studio anmelden."

3 „Ich bin gerade dabei. Denn die neueste Erkenntnis der Hirnforschung besagt: Man soll seine Einwände so lange zurückhalten, bis der andere mit seinem Vortrag fertig ist."

4 „Ich gebe Ihnen Recht: Das Thema Tierversuche ist wichtig. Aber hier ist nicht der Ort, darüber zu reden, und ich bin in dieser Sache auch nicht kompetent genug."

Praxistipps

- Sie sollten nicht auf jeden Zwischenruf reagieren. Ständiges Abschweifen nervt – nicht nur Sie, sondern auch die meisten Ihrer Zuhörer. Manche Zwischenrufe können Sie daher einfach ignorieren, ohne an Souveränität zu verlieren.

- Lassen Sie sich während einer Rede oder Präsentation nicht in Einzelgespräche verwickeln. Verweisen Sie darauf, dass es anschließend Gelegenheit gibt, alle Fragen zu klären.
- Häufige Zwischenrufe und ständige Kommentare aus dem Publikum brauchen Sie nicht hinzunehmen. Fordern Sie den Betreffenden auf, seine Störungen zu unterlassen. Oder besser noch: Wenden Sie sich an das Publikum und lassen Sie es die Entscheidung treffen, wem es zuhören möchte. Auf diese Weise lassen sich hartnäckige Störer auch ausschließen. Fragen Sie das Publikum zum Beispiel direkt, was es denn nun hören wolle: die Proteste gegen Tierversuche oder Ihren Redebeitrag.
- Sie können es auch ganz Ihren Zuhörern überlassen, den andern zur Ordnung zu rufen. Auch bei Themen, bei denen Sie eine andere Meinung vertreten als die meisten Ihrer Zuhörer, können Sie sich auf diese Weise wirksam Gehör verschaffen.

Über einige Zwischenrufe sollten Sie nicht hinweggehen, z. B. ironische Bemerkungen, Zwischenrufe, die Ihre Ausführungen ins Lächerliche ziehen oder Ihre Kompetenz angreifen. Das gilt im Besonderen für den ersten Zwischenruf dieser Art. Wenn Sie sich gleich zu Anfang souverän und schlagfertig zeigen, setzen Sie ein Zeichen und verhindern weitere Angriffe.

Frauensprache – Männersprüche

Mit Klischees spielen

Übung 35
8 min

Frauen sind anders, Männer auch. Im beruflichen Alltag wird immer wieder das Verhältnis der Geschlechter thematisiert. So bekommen Sie vielleicht zu hören, dass Ihr Verhalten „mal wieder typisch männlich" oder „mal wieder typisch weiblich" ist – und selten ist das positiv gemeint. Aber ganz ernst sollten Sie dies auch nicht nehmen. Die lieben Kollegen und Kolleginnen fordern einander heraus, sticheln ein wenig und veralbern sich gegenseitig. Es wird scherzhaft geflirtet oder gegen das andere Geschlecht gewettert.

Nicht jedem liegt diese Art von Geplänkel, und es ist durchaus möglich, sich aus der ganzen Sache herauszuhalten. Auf der andern Seite ist es doch so: Wenn Sie schon einmal herausgefordert werden, dann wollen Sie gewiss keine schlagfertige Antwort schuldig bleiben. Greifen Sie also tief in die Kiste der Geschlechterklischees und geben Sie in den folgenden Situationen die passenden Kommentare ab.

1 „Herr Bode, das habe ich Ihnen gestern doch schon erzählt", sagt Frau Issing spitz. „Na ja, Männer hören halt nicht zu."

2 „Na, Frau Issing, heute wieder mal zu spät?", bemerkt Herr Bode mit vielsagendem Grinsen. „Wieder mal Probleme mit dem Einparken gehabt?"

3 „Und Sie haben nichts bemerkt!", erklärt Frau Issing kopfschüttelnd. „Na ja, Männer sind schon sehr einfach strukturierte Wesen."

4 „Frau Wilhelm hat ja wirklich sexy Klamotten an", wendet sich Herr Bode an Frau Issing. „Warum tragen Sie eigentlich so was nicht?"

5 „Aber Herr Bode, ich wusste gar nicht, dass Sie ein solches Weichei sind!", stichelt Frau Issing.

6 „Sagen Sie, Frau Issing", sinniert Herr Bode, „warum gibt es bei uns eigentlich keine guten weiblichen Führungskräfte?"

Lösungstipps

- In der Hauptsache geht es darum, sich die Bälle zuzuwerfen, also auf jede Bemerkung einen mehr oder minder passenden Kommentar zu finden.
- In der weiblichen Rolle müssen Sie nicht unbedingt die Ehre des weiblichen Geschlechts retten, auch wenn Sie das natürlich so halten können. Selbstverständlich gilt das umgekehrt auch für die „männlichen" Antworten.
- Es versteht sich von selbst, dass alle Herabwürdigungen und gehässigen Kommentare tabu sind.
- Ebenso wenig sollten Ihre Antworten in die Kategorie der Übung 24 fallen („gewisse Anspielungen").

Lösung

Die Antworten sollten erkennen lassen, dass Sie die ganze Sache nicht ernst nehmen. Eindeutig Zweideutiges gehört gewiss nicht hierher, auch nicht im Scherz. Ansonsten sind die passenden Kommentare stark situationsabhängig und ganz gewiss Geschmackssache. Unsere Vorschläge:

1 „Stimmt nicht", entgegnet Herr Bode, „Männer hören schon zu. Sie vergessen nur sehr schnell wieder."

2 „Jetzt nicht mehr", sagt Frau Issing. „Dafür dürften Sie Probleme mit dem Ausparken bekommen."

3 „Stimmt. Aber nur wer selbst einfach strukturiert ist, kann das Komplizierte begreifen."

4 „Dann würden Sie mich ja noch mehr belästigen", entgegnet Frau Issing.

5 „Ich sage mir: Lieber ein weiches Ei als weich in der Birne."

6 „Ganz einfach", erwidert Frau Issing, „aus dem gleichen Grund, warum es bei uns auch keine guten männlichen Führungskräfte gibt."

Praxistipp

Denken Sie daran, dass sich gerade bei diesem Thema der persönliche Geschmack stark unterscheidet. Was der oder die eine witzig findet, darüber kann ein(e) andere(r) nur den Kopf schütteln.

Blondinenwitze und andere Peinlichkeiten

Übung 36
5 min

Es gibt einen Unterschied zwischen der harmlosen Frotzelei, wie wir sie gerade angesprochen haben, und der Lust, andere durch anzügliche Bemerkungen in Verlegenheit zu bringen. Das Ziel ist ein völlig anderes: Im ersten Fall geht es darum, sich gegenseitig auf die Schippe zu nehmen, während im zweiten Fall der andere verunsichert oder sogar gedemütigt werden soll. Wenn sich Ihnen als Frau ein Kollege unvermittelt mit Blondinen- oder Frauenwitzen nähert, dann hat er ganz gewiss die Absicht, Ihre Souveränität ins Wanken zu bringen. Das Gegenmittel heißt demnach: Schlagfertigkeit. Fallen Ihnen für die folgenden Fälle passende Erwiderungen ein?

1 Im Kreis der Kollegen erzählt Herr Fischer folgenden Witz: „Warum haben Blondinen Beine? Um vom Bett in die Küche zu kommen ...“ Was entgegnet seine blonde Kollegin Frau Möhle?

2 Frau Dannert hat Herrn Fricke gerade zurechtgewiesen. Der giftet zurück:„Geben Sie es ruhig zu. Sie wären lieber ein Mann!“ Der Kommentar von Frau Dannert?

3 In der Kantine sorgt Herr Siepel mit folgendem Spruch für große Heiterkeit: „Was sagt man, wenn die Frau die Kellertreppe runterfällt? ‚Bring Bier mit!‘“ – Wie lautet die passende Antwort für Frau Niemeyer?

Lösung

Welche Antwort in Frage kommt, hängt stark von der Position der Beteiligten ab. In der Praxis bewährt haben sich zwei Vorgehensweisen, eine stark defensive und eine stark offensive.

Bei der stark defensiven Taktik ignorieren Sie konsequent das Gesagte, Sie stellen einfach auf Durchzug; Sie nehmen diesen Blödsinn gar nicht erst wahr, Sie weigern sich, Ihre Zeit damit zu verschwenden, Ihr Gehirn damit zu belasten, Sie haben andere Dinge zu tun. Und genau das können Sie im ruhigsten Tonfall auch sagen, wenn Sie nicht mehr umhinkönnen, Stellung zu nehmen. Diese Lösung mag Ihnen – zumal in einem Buch über Schlagfertigkeit – arg passiv erscheinen, aber sie funktioniert – und nicht jede Frau wird zu Taktik Nummer zwei greifen wollen, zu der stark offensiven.

Hier bringen Sie den Mann zum Schweigen, indem Sie mit gleichen Mitteln zurückschlagen. Nach der Devise „Auf einen groben Klotz gehört ein grober Keil" legen Sie sich einen Fundus an mehr oder minder derben „Männerwitzen" zu. Sie brauchen keine Sorge zu haben, dass Sie sich unter Ihr Niveau begeben. Die betreffenden Männer machen sich darüber auch keine Gedanken. Darum hier eine kleine Auswahl an Witzen, mit der Frau Möhle in unserem ersten Beispiel kontern könnte:

1 „Warum sind Blondinenwitze so kurz? Damit die Männer sie auch verstehen können."

2 „Was ist, wenn ein Mann bis zum Bauchnabel im Wasser steht? Es geht über seinen Verstand!"

3 „Kennen Sie die Idealmaße eines Mannes? 80 – 60 – 42. 80 Jahre alt, 62 Millionen auf dem Bankkonto und 42 Grad Fieber."

Auch in den anderen Fällen können die Frauen durchaus auf Konfrontation gehen und werden die Lacher umso eher auf ihrer Seite haben, je weniger der Angreifer damit rechnet, dass ihnen Paroli geboten wird.

4 „Nein. Und Sie?"

5 „Ein Mann will aus dem Fenster springen. Seine Frau kommt in die Küche und sagt: Kannst du den Müll gleich mitnehmen?"

Praxistipps

Sie können die Wirkung Ihres Revanche-Witzes noch erhöhen, indem Sie erst mal kräftig mitlachen, wenn Ihr Kollege seinen Schmalspurwitz erzählt. Und dann lassen Sie ihn wissen, dass Sie „auch einen" Witz kennen. Solche Witze finden Sie übrigens zuhauf im Internet.

■ *Zwei weit verbreitete Reaktionsweisen sind nicht geeignet, die penetranten Sprüche zu stoppen: peinlich berührtes Schweigen oder Augen verdrehen und verächtlich hervorstoßen: „Wie überaus witzig!" bzw. schlicht: „Männer!" An solchen Reaktionen haben die betreffenden Männer nämlich besonders große Freude.* ■

Schlagfertig gegenüber dem Chef

Forderungen stoppen

Übung 37
5 min

Soll man auch gegenüber seinen Vorgesetzten Schlagfertigkeit zeigen? Unbedingt, denn das hilft Ihnen, Ihre Interessen besser zu vertreten. Gerade gegenüber Personen, die entscheiden, wo es lang geht, ist das ein Vorteil. Dabei geht es natürlich nicht darum, mit frechen, witzigen oder respektlosen Antworten auf sich aufmerksam zu machen. Vielmehr sollten Sie Ihre Schlagfertigkeit dazu nutzen, sich Respekt zu verschaffen und Ihre Souveränität zu wahren.

Ein typischer Fall, in der Sie im Umgang mit Vorgesetzten Schlagfertigkeit gebrauchen können: Es werden Forderungen an Sie herangetragen, die Ihnen eigentlich gar nicht in den Kram passen. Doch weil Sie nicht Nein sagen können, schweigen Sie und lassen sich alles Mögliche „aufdrücken“: lästige Pflichten, kurzfristige Aufträge, Aufgaben, für die sich sonst niemand findet.

Das muss nicht sein. Denken Sie darüber nach, wie Sie in den folgenden Fällen gegenüber dem Vorgesetzten freundlich, aber unmissverständlich Ihre Interessen wahren können.

1 Ihr Chef kommt mit einer todlangweiligen Routineaufgabe zu Ihnen: „Ich hätte hier was für Sie; das wird Sie interessieren."

2 Sie wollen heute rechtzeitig nach Hause. Kurz vor Dienstschluss erscheint Ihr Chef mit einem Stapel Papier an Ihrem Schreibtisch und bemerkt: „Da müssen Sie heute noch drüberschauen."

3 Bei einer Besprechung soll eine Aufgabe vergeben werden. Niemand meldet sich. „Herr Marek", sagt der Chef aufmunternd, „ist das nicht Ihr Spezialgebiet?"

4 Frau Jansen hat alle Hände voll zu tun. Ihr Chef hat eine weitere Aufgabe für sie. „Wie soll ich das alles schaffen?", klagt sie. Der Chef zuckt die Schultern: „Keine Ahnung. Das ist *Ihr* Job!"

5 Sie haben sehr viel zu tun. Eine Aufgabe sollten Sie bis heute abgeschlossen haben, aber wegen der Vielzahl anderer Verpflichtungen war das nicht zu schaffen. Unvermittelt kommt Ihr Chef in Ihr Büro. „Sie sind ja immer noch nicht mit der Sache fertig", klagt er. „Ich hatte doch gesagt: Bis Dienstag will ich das vom Tisch haben!"

Lösungstipps

- Appellieren Sie nicht an das Mitleid Ihres Vorgesetzten. Sparen Sie sich Entschuldigungen, Erklärungen, bitten Sie nicht um Verständnis, sondern vertreten Sie selbstbewusst Ihren Standpunkt.
- Vielleicht hilft Ihnen eine Dolmetschertechnik weiter: Versuchen Sie zunächst die etwas verblümte Forderung in „Klartext" zu übersetzen und nehmen Sie dann dazu Stellung.

Lösung

Einen praktikablen Lösungsweg haben wir eben angesprochen. Weitere Möglichkeiten sind die Gegenfrage (Lösung 1, 2) oder die kurze Stellungnahme mit eigenem Lösungsvorschlag (Lösung 5). Beachten Sie: Niemals brauchen Sie sich zu winden und zu versichern, dass Sie sich ja alle Mühe geben. Ebenso wenig gibt es Anlass, dass Sie Ihren Chef angreifen.

1 „Wieso meinen Sie, dass mich das interessiert? Weil sonst keiner die Aufgabe übernehmen mag?" (Die zweite Frage können Sie unter Umständen auch weglassen).

2 „Was meinen Sie genau mit Drüberschauen?" Oder: „Heute noch drüberschauen dauert aber bis morgen." Oder: „Sie meinen, ich sollte meinen Arbeitstag um drei Stunden verlängern." (Dolmetschertechnik)

3 „Sie meinen, wenn sich niemand dafür interessiert, dann sollte ich die Aufgabe übernehmen."

4 „Wollen Sie sagen, es ist Ihnen egal, wenn Sie Ihren Mitarbeitern Aufgaben übertragen, die sie zeitlich nicht bewältigen können?" Oder: „Dann ist es auch mein Job, Ihnen zu sagen, dass ich erst morgen dazu komme, mir die Sache anzusehen."

5 „Ich bin bis jetzt noch nicht dazu gekommen. Sie sehen ja selbst, was hier los ist. Morgen Nachmittag haben Sie es!"

Selbstsicher bei Kritik

Übung 38

5 min

Den Umgang mit ungerechtfertigter Kritik haben Sie schon in den Übungen 28 bis 30 trainiert. Bei dieser Übung setzen wir den Schwerpunkt etwas anders. Denn hier geht es ganz allgemein um Ihre Reaktion auf eine negative Bewertung, mag die nun ungerecht sein oder nicht. Zweitens kümmern wir uns hier nur um die Beurteilung durch Ihren Vorgesetzten, während bei den vorangegangenen Übungen eher Ihre Kollegen im Vordergrund standen.

1. Sie haben Ihre Aufgabe unter großem Zeitdruck erledigt. Das Ergebnis ist kein Meisterstück. Ihr Chef reagiert säuerlich: „Was haben Sie da für ein Schwachsinn verzapft? Sie haben die ganze Abteilung blamiert."
2. Ihnen ist ein richtig dicker Fehler unterlaufen. Ihr Chef bittet Sie zu sich und bemerkt mit unterdrücktem Zorn: „Was haben Sie sich eigentlich dabei gedacht?"
3. Eigentlich ist zunächst alles ganz gut gelaufen. Ihr Chef hat Ihre Arbeit hoch zufrieden an den Kunden weitergeleitet, doch der war damit gar nicht einverstanden. Nun bemerkt Ihr Chef bitter: „Das war ja wohl nichts. Solche Aufgaben liegen Ihnen einfach nicht."

Lösungstipp

In vielen Fällen geht es einfach darum, die Auseinandersetzung auf eine sachliche Ebene zu ziehen.

Lösung

Lassen Sie sich von den harschen Worten nicht verunsichern, aber bringen Sie einen anderen Ton in das Gespräch, sachlich kooperativ, und bleiben Sie dabei. Unsere Vorschläge:

1 „Wieso meinen Sie das?" – Sie stoßen Ihren Chef nicht vor den Kopf, aber er muss deutlicher werden und sein vermutlich überzogenes Urteil begründen. Darüber lässt sich reden und es ergeben sich einzelne Punkte, wo Sie einhaken können.

2 „Sie sind sehr wütend auf mich. Ich kann Sie verstehen. Ich habe einen großen Fehler gemacht. Dafür möchte ich mich bei Ihnen entschuldigen. Sie können sicher sein, dass ich mich bemühen werde, dass so etwas kein zweites Mal passiert." (In diesem Fall ist eine Entschuldigung angebracht.)

3 „Wieso glauben Sie, dass mir solche Aufgaben nicht liegen?" Auch hier sollten Sie lieber erst einmal nachfragen, anstatt Ihren Vorgesetzten darauf hinzuweisen, dass er zunächst mit Ihrer Arbeit einverstanden war und sie so schlecht doch nicht gewesen sein kann etc. Eine solche Argumentation treibt den andern dazu, im Nachhinein irgendwelche Mängel zu konstruieren, die ihm „schon damals aufgefallen" seien. Lassen Sie Ihren Chef hingegen selbst seine Begründung abgeben, so ergibt sich gewiss eine günstigere Gelegenheit daran zu erinnern, dass er Ihre Arbeit erst einmal gar nicht so schlecht fand.

Wenn der Chef ausrastet

Übung 39
10 min

Eine der unangenehmsten Situationen tritt ein, wenn Ihr Vorgesetzter so außer sich gerät, dass er Sie anschreit. So etwas ist nicht nur entwürdigend, sondern macht einen auch hilflos. Sind Sie häufiger dieser Situation ausgeliefert, dann leidet nicht nur Ihr Selbstwertgefühl, sondern Sie nehmen auch gesundheitlichen Schaden. Solche Situationen können Sie halbwegs unbeschadet überstehen, wenn Sie sie üben.

Suchen Sie sich einen Partner, der die Rolle des wütenden Chefs übernimmt. Denken Sie sich einen praxisnahen Fall aus und spielen Sie ihn durch. Versuchen Sie dabei, aus der Opferrolle herauszukommen. Dazu können Sie verschiedene Strategien einschlagen. Probieren Sie aus, welche Ihnen am meisten liegt.

- Strategie 1: Ist der Vorgesetzte stark erregt, so lassen Sie ihn sich erst einmal abreagieren. Sagen Sie nur wenig oder schweigen Sie ganz.
- Strategie 2: Versuchen Sie die wütenden Vorwürfe mit Hilfe der Dolmetschertechnik in sachliche Aussagen zu übersetzen. Worum geht es? Was ist der sachliche Kern der Angriffe?
- Strategie 3: Steuern Sie auf eine sachliche Lösung zu: Was können Sie tun? Wie lässt sich entstandener Schaden wieder gut machen? Müssen Sie sich entschuldigen? Wie lässt sich verhindern, dass das Ereignis ein zweites Mal eintritt? Streben Sie eine Einigung an.

Lösungstipps

Es gibt einige Verhaltensweisen, die Sie unbedingt vermeiden sollten:

- Leugnen Sie Ihren Fehler nicht. D. h. machen Sie ihn nicht kleiner als er ist und erklären Sie ihn nicht
- Fangen Sie nicht an sich zu rechtfertigen. Solange der andere wütend ist, können Sie nicht mit ihm diskutieren.
- Verzichten Sie auf witzige Kommentare oder Äußerungen, die erkennen lassen, dass Sie die ganze Sache nicht ernst nehmen.

Lösung

Wir wissen nicht, wie Ihre Übung abgelaufen ist. Zur Illustration soll das folgende Beispiel dienen:

„Sie sind der unfähigste Mitarbeiter, der mir jemals untergekommen ist!", donnert der Redakteur. „Wissen Sie nicht, wie man ein Mikrofon hält?" Der Reporter: „Sie meinen, die Tonqualität ist schlecht." „Schlecht?! Eine Katastrophe!", ereifert sich der Redakteur. „Ihre Fragen kann ich wegwerfen! Sie sind überhaupt nicht zu verstehen!" – „Sie meinen, ich hätte das Mikrofon nicht nur auf die Staatssekretärin halten sollen", erwidert der Redakteur. „Natürlich nicht! Ihre blöden Fragen brauchen wir doch auch!" Der Reporter erklärt: „Das konnte ich nicht wissen. Ich dachte, wir brauchen nur die Antworten der Staatssekretärin." – „Und was machen wir jetzt?", knurrt der Redakteur. „Ich schreibe Ihnen einen Beitrag drum herum", erklärt der Reporter.

Holen Sie den andern aus dem „Wutkeller"

Übung 40
5 min

Wenn es Ihnen gelingt, bei einem Wutanfall Ihres Vorgesetzten Ihre Souveränität zu bewahren, dann bringt Sie so leicht nichts mehr aus der Fassung. Deshalb möchten wir noch eine zweite Übung einschalten, die Ihnen helfen soll, einen wütenden Ausbruch Ihres Vorgesetzten zu überstehen.

Stellen Sie sich vor, Ihr Chef sitzt in einem „Wutkeller". Solange er sich dort befindet, hat es keinen Sinn sachlich zu argumentieren, Begründungen anzuführen oder die eigentlich Verantwortlichen zu benennen. Noch ungünstiger, wenn Sie sich ebenfalls aufregen, dann eskaliert die Situation womöglich. Ihr Ziel muss vielmehr sein, Ihren Chef aus seinem „Wutkeller" herauszuholen. Das erreichen Sie, wenn Sie seine kränkenden Kommentare ins Nüchtern-Konstruktive übersetzen. Probieren Sie es:

1. Sie haben sich auf den Parkplatz Ihres Chefs gestellt. Der tobt: „Sie sind der unfähigste Mitarbeiter, den wir hier jemals gehabt haben!"
2. Ihr Chef glaubt, Sie intrigieren gegen ihn: „Sie sind einfach nur niederträchtig!"
3. Sie haben einen Seminarraum gebucht, ohne Rücksprache zu halten. Ihr Chef: „Was fällt Ihnen eigentlich ein, sich so aufzuspielen? Was glauben Sie überhaupt, wer Sie sind? Sie sind ein lächerliches kleines Würstchen!"
4. Sie haben einen Fehler gemacht. Ihr Chef: „Wenn ich Sie schon sehe, muss ich aufpassen, mich nicht zu übergeben!"

Lösung

Sie müssen nicht jede Äußerung kommentieren, schon gar keine beleidigende. Steckt jedoch hinter einer Äußerung ein sachlicher Kern, können Sie das zum Thema machen.

1 Sie geben keinen Kommentar ab oder lenken auf das Thema hin: „Sie sind aufgebracht, weil ich mich versehentlich auf Ihren Parkplatz gestellt habe."

2 „Sie fühlen sich hintergangen." Gibt es dafür aus Ihrer Sicht keinen Anlass, könnten Sie hinzufügen: „Warum?"

3 „Sie meinen, ich hätte Sie vorher um Erlaubnis fragen sollen, ehe ich einen Seminarraum buche."

4 Hier ist eine Grenze überschritten. Diese Kränkung müssen Sie nicht hinnehmen, auch wenn Sie einen Fehler gemacht haben: „Sie haben eben gesagt, dass Sie sich bei meinem Anblick übergeben müssen. Das ist eine Beleidigung. Ich erwarte, dass Sie sich dafür entschuldigen." Bleibt die Entschuldigung aus, sollten Sie das Gespräch abbrechen und den Raum verlassen.

Mastertraining: Mit Witz und Eleganz parieren

In diesem letzten Kapitel lernen Sie,

- abwechslungsreicher zu kontern,
- humorvollere Antworten zu formulieren,
- schneller zu reagieren,
- Ihr eigenes Trainingsprogramm zusammenzustellen und
- sich mit anderen schlagfertige Wortduelle zu liefern, die Ihnen Vergnügen machen.

Darum geht es in der Praxis

Schlagfertigkeit lebt von der gesprochenen Sprache, von ihrer Spontaneität, ihrer Farbigkeit und ihrer Frische. Häufig sind es gar nicht einmal besonders „druckreife" Sätze, die gut ankommen, sondern Bemerkungen, die aus der Situation heraus formuliert sind und einfach genau passen.

Solche Sätze fliegen den wenigsten zu. Es ist daher hilfreich, sich auf bestimmte Situationen vorzubereiten, sich einzelne Sätze zurechtzulegen und wirksame Techniken einzuüben. Das ist ein guter Anfang, und das haben Sie ja auch in den ersten drei Kapiteln getan. Aber dabei sollten Sie nicht stehen bleiben. Richtig schlagfertig sind Sie erst, wenn Sie sich von den Standardantworten, den „Sprüchen" und den Techniken lösen und gewissermaßen „von selbst" schlagfertig sind. Natürlich können Sie die Techniken, die Sie kennen gelernt haben, bei Bedarf auch später immer wieder einsetzen. Doch Sie werden nach und nach immer souveräner darüber verfügen, sie abwandeln und anpassen, so dass niemand den Eindruck bekommt: „Aha, jetzt setzt er die Dolmetschertechnik ein."

Um weiterzukommen, brauchen Sie einerseits Praxis: Sie müssen sich immer wieder Situationen aussetzen, in denen Sie schlagfertig sein können. Auf der anderen Seite sollten Sie Ihr Sprachgefühl und Ihre Assoziationsfähigkeit weiterentwickeln. Das hilft Ihnen auch, Ihre Zuhörer zum Lachen zu bringen. Auch wenn schlagfertige Antworten nicht immer witzig sein müssen – nützlich ist dies allemal.

Schulen Sie Ihr Sprachvermögen

Bilden Sie Assoziationsketten

Übung 41
7 min

Wie kommen manche Menschen auf unerwartete, verblüffende Antworten? Die Antwort ist einfach: Sie besitzen ein ausgeprägtes Assoziationsvermögen. In ihrem Denken sind die Dinge nicht streng voneinander getrennt, sondern miteinander verbunden, assoziiert sozusagen.

Praktisch funktioniert es so: Wenn Sie einen Stuhl sehen, denken Sie vielleicht an einen Tisch, zugleich aber auch an einen Menschen, der sitzt, der hat Rückenprobleme, weil er so viel sitzen muss, was Sie an die Wirbelsäule denken lässt. Die Wirbelsäule erinnert Sie an Haltung, eine aufrechte Haltung kann man auch im übertragenen Sinn verstehen als Aufrichtigkeit, Ehrlichkeit, Zivilcourage. Und so gelangen Sie in wenigen Schritten vom Stuhl zur Zivilcourage. Das ist eine Assoziationskette. Eine zweite bekommen Sie, wenn Sie den Faden vom „Tisch" weiterspinnen: Der Tisch erinnert Sie an Essen, Essen an Übergewicht usw.

Bilden Sie solche Assoziationsketten mit insgesamt 15 Elementen zu folgenden Begriffen: „Kinderkram", „trübe Tasse" und „Schlaftablette".

Sie haben jeweils zwei Minuten Zeit. Entfernen Sie sich dabei nicht zu weit vom Ursprungsbegriff. Bilden Sie pro Begriff drei, vier kurze Assoziationsketten. Auch Eigenschaftswörter oder Verben sind erlaubt.

Lösung

Jeder von uns hat seine eigenen Assoziationsmuster. Und doch lassen sich ein paar Hinweise geben, ob Sie die Übung gut bewältigt haben. Eine gute Lösung zeichnet sich durch drei Eigenschaften aus: Sie haben die Begriffe relativ schnell, Ihre Assoziationen stammen aus unterschiedlichen Bereichen und sie lassen sich von anderen leicht nachvollziehen. Wenn Sie bei „Schlaftablette" z. B. als Erstes an „Straßenlaterne" denken, kann Ihnen keiner mehr folgen. Und hier sind unsere Assoziationsketten:

1. „Kinderkram": Kleinkinder, Spielen, Lachen, Spaß haben; Kleinigkeiten, Details, Genauigkeit, Pedanterie; unwichtige Dinge, Zeug, überfüllter Schreibtisch, Unordnung, aufräumen, herumkramen, Entdeckungen machen.
2. „Trübe Tasse": trinken, Henkel, Untertasse, Heißgetränk, pusten; getrübtes Wasser, nicht auf den Grund sehen können, Undurchschaubarkeit, trübes Wasser ist tief; im Trüben fischen, Trübsal, Traurigkeit; nicht alle Tassen im Schrank haben, heiße Tasse, Fertigsuppe.
3. „Schlaftablette": Ruhe, Entspannung, Langeweile, Schlaflosigkeit; Medikamentenmissbrauch, Entzug; Traum, Albtraum, aufwachen, ausschlafen; dröger Typ, Einfallslosigkeit, Antriebsschwäche, sich nicht aufregen, cool bleiben.

Praxistipp

Solche Assoziationsketten bilden einen guten Grundstock für schlagfertige Antworten. Wenn Sie etwa jemand attackiert: „Sie sind eine Schlaftablette!", könnten Sie erwidern: „Ja, ich sorge für Ruhe und Entspannung."

Erfinden Sie Metaphern

Übung 42
5 min

Ein zweites hilfreiches Stilmittel ist die Metapher. Dabei handelt es sich um einen bildhaften, anschaulichen Vergleich. Zum Beispiel: „Tom redet wie ein Wasserfall." Bekanntlich können Wasserfälle nicht reden, aber so wie ununterbrochen Wasser den Wasserfall hinunterstürzt, so redet offenbar der besagte Tom. Es geht um eine einzige gemeinsame Eigenschaft, die die Verbindung herstellt. Nun ist der Wasserfall für den Redefluss eine allgemein bekannte, mittlerweile etwas abgegriffene Metapher, die deshalb nicht mehr so anschaulich ist. Suchen Sie daher neue, originelle, bildhafte Vergleiche. Probieren Sie es mit den folgenden drei Eigenschaften:

1. faul
2. plump
3. sensibel

Lösungstipp

Suchen Sie sich Verbindungen, an die nicht jeder sofort denkt, die aber jeder versteht.

Lösung

Es gibt keine richtigen Lösungen, sondern nur solche, die mehr oder weniger überzeugen. Dabei spielt der persönliche Geschmack natürlich eine herausragende Rolle. Was dem einen witzig und originell erscheint, findet der andere nur „abgedreht". Doch nicht weniger wichtig als das Ergebnis ist der Weg dorthin. Wie haben Sie die Metapher gefunden? Zufallstreffer? Oder haben Sie überlegt: Wodurch zeichnet sich Faulheit aus? Zum Beispiel durch Reglosigkeit oder Bequemlichkeit. Was ist besonders reglos, und was steht für Bequemlichkeit? Schon haben Sie zwei brauchbare Metaphern gefunden.

1 „Faul": faul wie ein Stein, faul wie Fallobst, faul wie ein Sofakissen, faul wie eine Hängematte.

2 „Plump": plump wie eine ausgebeulte Latzhose, plump wie ein Nachwuchskomiker in einer Castingshow, plump wie ein übergewichtiges Nilpferd.

3 „Sensibel": sensibel wie die Fingerspitzen eines mondsüchtigen Teufelsgeigers, sensibel wie entzündetes Zahnfleisch, sensibel wie eine zitronensaftbeträufelte Auster.

Praxistipp

Sie können die Metapher etwas lebendiger gestalten, wenn Sie einfach den Gegenbegriff benutzen und nicht sagen, er ist faul, sondern er ist „hyperaktiv wie ein Stein" oder „raffiniert wie eine ausgebeulte Latzhose" oder „abgestumpft wie die Fingerspitzen eines mondsüchtigen Teufelsgeigers".

Worthaken finden

Übung 43
5 min

Die Suche nach einer schlagfertigen Antwort wird erheblich erleichtert, wenn Sie wissen, wo Sie bei dem Angriff Ihres Gegenübers einhaken können. Dazu gibt es vier Möglichkeiten:

- Entsprechung: Sie finden einen anderen Begriff, der inhaltlich in etwa dasselbe besagt. Wenn Ihr Gegenüber „weiß" sagt, können Sie „hell" oder „farblos" sagen.
- Gegensatz: Sie knüpfen an den Gegenbegriff an. Ihr Gegenüber sagt: „weiß", Sie sagen „schwarz" oder „dunkel".
- Doppelsinn: Ein Wort hat eine zusätzliche Bedeutung, von der Sie Gebrauch machen. Ihr Gegenüber spricht von der Farbe „Weiß", Sie benutzen das Wort als Verb: „Ich weiß."
- Klangliche Ähnlichkeit: Sie finden einen Begriff, der inhaltlich nichts mit dem Ausgangsbegriff zu tun hat, aber so ähnlich klingt. Ihr Gegenüber sagt „weiß", Sie sagen „Schweiß", „Steiß", „Fleiß", „Preis" oder „Mais".

Finden Sie „Worthaken" für die folgenden Bemerkungen in allen vier Kategorien (Sie müssen keine schlagfertigen Antworten finden, sondern nur Begriffe, also das „Rohmaterial" dazu):

1. „Sie sind ja wohl verrückt."
2. „Da sehe ich aber schwarz."
3. „Lassen Sie den Kopf nicht hängen."

Lösung

Aus dem Angriff müssen Sie zunächst einmal den geeigneten Begriff auswählen, den Sie als „Worthaken" benutzen wollen. Bei unseren Beispielen bleibt Ihnen keine große Wahl: „Sie sind ja wohl *verrückt*!" / „Da sehe ich aber *schwarz*!" / „Lassen Sie den *Kopf* nicht *hängen*!"

- „Verrückt". Entsprechung: „wahnsinnig". Gegensatz: „normal". Doppelsinn: „verschoben" (wie man ein Möbelstück verrückt). Klangliche Ähnlichkeit: „entzückt", „beglückt", „gebückt".
- „Schwarz". Entsprechung: „düster". Gegensatz: „weiß". Doppelsinn: „illegal" (schwarzarbeiten). Klangliche Ähnlichkeit: „Harz", „Quarz".
- „Kopf". Entsprechung: „Haupt". Gegensatz: „Fuß". Doppelsinn: „Chef" (der Kopf der Gruppe). Klangliche Ähnlichkeit: „Kropf", „Knopf", „klopf".
- „hängen". Entsprechung: „baumeln". Gegensatz: „sich aufrichten". Doppelsinn: „hinrichten" (an den Galgen hängen). Klangliche Ähnlichkeit: „drängen", „Längen", „Mengen".

Praxistipp

Von diesen „Worthaken" ist oft nicht mehr weit zu einer schlagfertigen Antwort. „Sie sind ja wohl verrückt!" – „Nein, ich bin beglückt." / „Da sehe ich aber schwarz." – „Sie sehen *schwarz*, aber ich *weiß*, dass es gut gehen wird." / „Lassen Sie den Kopf nicht hängen." – „Solange die andern mich nicht hängen wollen."

Andere zum Lachen bringen

Das Unerwartete tun

Übung 44
5 min

Humor wirkt buchstäblich entwaffnend. Wenn Sie es also schaffen, nach einer Frotzelei den andern zum Lachen zu bringen, geht der Angriff ins Leere und Sie bewahren Ihre Souveränität. Denn der andere lacht Sie nicht hämisch aus, sondern Sie sind der Handelnde und bringen ihn zum Lachen.

Ein verblüffend einfaches Mittel, andere zum Lachen zu bringen, ist: Sie weichen von dem Erwarteten ab, Sie tun etwas, womit der andere nicht rechnet. Probieren Sie selbst:

1. Sie betreten eine Buchhandlung. Die Verkäuferin fragt: „Sie wünschen?"
2. Ein Freund hat in seinem Büro viele Hundebilder hängen.
3. Vor einer geschäftlichen Besprechung fragt Ihr Gegenüber mit griffbereiter Teekanne: „Möchten Sie etwas trinken?"

Lösungstipp

Halten Sie sich an die Technik „absurdes Theater". Oder machen Sie es sich ganz einfach und tun Sie so, als würden Sie das Offensichtliche nicht erkennen.

Lösung

Unsere Vorschläge:

1 „Ich hätte gern ein Auto."

2 „Du magst Katzen."

3 „Nein danke, ich bin bereits betrunken."

Auf dem Papier mag das alles zwar sehr schlicht aussehen, aber genau um diesen Effekt geht es hier: Sie brauchen gar nicht viel zu tun, keine Gags, keine Pointen, es genügt, wenn Sie auf eine Wand zeigen, an der lauter Hundebilder hängen und bemerken: „Ich mag auch Katzen." Wenn Sie es nicht glauben, probieren Sie es aus.

Praxistipps

- Eine Überraschung kann auch unangenehm und bedrohlich sein. Damit Sie den anderen zum Lachen zu bringen, dürfen Sie ihn nicht verunsichern. Ihrem Gegenüber muss klar sein, dass Sie scherzen. Sonst hält er Sie womöglich nur für seltsam oder verhaltensauffällig. Bleiben Sie also bei harmlosen Äußerungen, die offenkundig nicht ernst gemeint sind.
- Warnung: Setzen Sie dieses Mittel, Heiterkeit zu verbreiten, nur äußerst sparsam ein. Weil es zunächst so gut funktioniert, machen manche Mitmenschen regen Gebrauch davon und entwickeln sich schnell zu regelrechten Nervensägen, über deren Scherze man nur noch aus Höflichkeit lacht.

Der komische Kontrast

Übung 45

5 min

Ein weiteres Stilmittel, andere zum Lachen zu bringen, ist der komische Kontrast. Dabei kombinieren Sie zwei Elemente, die absolut nicht zusammengehören, die einander widersprechen oder sich deutlich gegeneinander abheben: Wenn Sie etwa zum Businessanzug Sandalen mit weißen Socken tragen, dürften Sie bei vielen Ihrer Mitmenschen große Heiterkeit auslösen. Finden Sie solche komischen Kontraste für die folgenden Beispiele:

1 ein Vorstellungsgespräch

2 eine Krawatte

3 ein Preisschild

4 ein Vater

Lösungstipps

- Indem Sie einen komischen Kontrast erzeugen, machen Sie es möglich, dass über etwas, das für sich allein genommen gar nicht lustig ist, gelacht werden kann. Sie fügen etwas Unpassendes hinzu – und schon kippt durch den Kontrast das Alltägliche ins Komische.
- Stellen Sie sich eine typische Situation vor und reichern Sie diese mit einem völlig unpassenden Element an. Fragen Sie sich zum Beispiel: Zu welchem Anlass trägt man eine Krawatte? Was steht mit diesem Anlass im Widerspruch? Was lässt sich damit eigentlich nicht vereinbaren?

Lösung

Hoffentlich haben Sie viele originelle Lösungen gefunden. Hier sind unsere Vorschläge:

1 Komischer Kontrast: Gameshow. Stellen Sie sich ein Vorstellungsgespräch vor, das abläuft wie eine Gameshow, mit Moderator, Publikum und Applaus für „richtige" Antworten.

2 Komischer Kontrast: Badehose. Stellen Sie sich einen förmlichen Menschen vor, der auch in der Badeanstalt nur mit (wasserabweisender) Krawatte herumläuft.

3 Komischer Kontrast: Luxuslimousine. Stellen Sie sich ein exklusives Autohaus vor, in dem auf den Nobelkarossen Preisschilder kleben. Es gibt hektische Kassiererinnen und am Ende Ihres Autokaufs erhalten Sie einen Kassenbon.

4 Komischer Kontrast: Bausparberater. Stellen Sie sich einen Vater vor, der mit seinen Kindern Beratungstermine ausmacht und mit Formularen herumhantiert.

Praxistipps

- Komische Kontraste eignen sich sehr gut für schlagfertige Antworten. Entweder erzeugen Sie zum Angriff Ihres Gegenübers einen komischen Kontrast oder aber Sie bauen in Ihre Antwort einen komischen Kontrast ein.
- Häme arbeitet auch mit dem Prinzip des komischen Kontrasts. Eine unterdurchschnittliche Leistung wird überhöht, um sie auslachen zu können. Daher lässt sich Häme nur aushebeln, indem man die Überhöhung zurückweist.

Die Anspielung

Übung 46
5 min

Das dritte Stilmittel, das Sie kennen sollten, wenn Sie andere zum Lachen bringen möchten, ist die Anspielung. Bei einer Anspielung sprechen Sie das, was Sie meinen, niemals vollständig aus, sondern überlassen es Ihrem Gegenüber das eigentlich Gemeinte in Gedanken zu vervollständigen. Das funktioniert natürlich nur, wenn Sie auf etwas anspielen, was der andere gut kennt. Er hört nur ein paar Worte und weiß Bescheid. So etwas macht uns offenbar Vergnügen. Denn wie sogar wissenschaftlich belegt ist, lachen wir weit häufiger über Anspielungen als über Gags und Witze.

Besonders gern lachen wir über Anspielungen, die nur wenige verstehen, das sind dann die beliebten und gefürchteten „Insiderwitze“. Die Anspielung schafft eine geistige Verbindung zwischen dem, der die Anspielung macht, und dem, der sie zu entschlüsseln weiß. Um solche Verbindungen geht es in dieser Übung. Daher wird es die Sache erleichtern, wenn Sie an einen ganz konkreten Adressaten denken.

1. Suchen Sie sich einen Fachbegriff (aus Ihrem Beruf oder Ihrem Hobby) und verwenden Sie ihn in einem neuen Zusammenhang, z. B. um irgendetwas Alltägliches zu bezeichnen.
2. Machen Sie Ihrem Gesprächspartner mit einer Anspielung klar, dass irgendetwas völlig aussichtslos ist.
3. Erklären Sie nach dem gleichen Prinzip, dass etwas sehr kompliziert ist.

Lösung

Die „richtige" Lösung kennen nur Sie allein – und diejenigen, die Sie mit der Anspielung ansprechen wollen. Doch möchten wir Ihnen zumindest ein Muster vorführen, wie die Anspielungen aussehen könnten:

1. „Burn-Rate": Finanzanalysten bezeichnen damit die Zeitspanne, in der ein (meist hochinnovatives) Unternehmen seine liquiden Mittel verbraucht hat. Wer persönlich zu einem etwas verschwenderischen Lebensstil neigt, könnte diesen Umstand umschreiben: „Meine Burn-Rate wird auch immer kürzer."
2. „Es ist aussichtslos ...": wie ein Antrag auf Sonderurlaub, wie die Kartoffeldiät von Frau Müller, wie Herrn Walter zum Lachen zu bringen.
3. „Es ist undurchschaubar ...": wie die Reisekostenabrechnung, die Zielvereinbarungsgespräche mit Herrn Binder, die Brillengläser von unserem Praktikanten.

Praxistipps

- Achtung, wer die Anspielungen nicht versteht, den schließen Sie aus. Manchmal mag das ja sogar in Ihrer Absicht liegen, doch sollten Sie bedenken, dass Sie sich dadurch gewiss keine Sympathien erwerben.
- Anspielungen können sich auch abnutzen. Dann kann sie niemand mehr hören. Wie schnell das geschieht, das hängt von der Häufigkeit des Gebrauchs ab.

So werden Sie schneller

Reaktionstraining — Übung 47

4 x 8 min

Die schlagfertigste Antwort hilft Ihnen nicht, wenn sie Ihnen zu spät einfällt. Deshalb sollten Sie trainieren, schnell zu reagieren, schnell zu formulieren. Zum Beispiel so:

- Auf unserer CD-ROM finden Sie vier Trainingseinheiten. Jede Einheit entspricht thematisch einem der vier Kapitel. Legen Sie die CD-ROM in Ihr Computerlaufwerk, und schon kann es losgehen: Ich konfrontiere Sie mit Begriffen, Gesprächssituationen, Fragen, Angriffen und unfairen Bemerkungen. Gerade einmal zehn Sekunden haben Sie Zeit, um sich eine Antwort einfallen zu lassen.
- Zweite Möglichkeit: Sie trainieren mit einem Partner. Ihr Partner sollte sich etwa zwanzig Angriffe oder dumme Sprüche zurechtlegen, auf die Sie spontan reagieren. Auch hier sollten Sie nicht mehr als zehn Sekunden bekommen, um zu antworten. Anschließend Rollentausch.

Lösungstipps

Fangen Sie gar nicht erst an zu überlegen: Hm, welche Technik könnte hier passen? Antworten Sie reflexhaft, sagen Sie, was Ihnen in den Sinn kommt, auch wenn es Ihnen nicht sehr überzeugend erscheint. Die Sache wird etwas leichter, wenn Sie sich beschränken. Zum Beispiel könnten Sie sich vornehmen, bei ein, zwei Techniken zu bleiben, ob es nun passt oder nicht.

Lösung

Sind Sie ins Stocken geraten? Sind Sie viele Antworten schuldig geblieben? Sind Sie im Allgemeinen unzufrieden mit dem, was Sie gesagt haben? Das sollte Sie nicht beunruhigen. Im Gegenteil, das ist ein ausgezeichneter Anfang. Sie werden feststellen, dass Sie schon ein wenig besser abschneiden, wenn Sie die Übung wiederholen. Und wenn Sie konsequent dabeibleiben (siehe „Ihr individuelles Trainingsprogramm", S. 125), dann werden Sie Ihre Schlagfertigkeit stark verbessern.

Wenn Sie die Übung wiederholen, dann zeichnen Sie Ihre Antworten am besten auf, z. B. mit einem Kassettenrekorder oder Minidisc. Dann können Sie Ihre Antworten genauer analysieren und gezielt das trainieren, was noch nicht so gut läuft.

- Sind Sie zu häufig eine Antwort schuldig geblieben? Mögliche Ursache: Sie überlegen noch zu viel. Trauen Sie sich einfach, irgendetwas zu sagen. Es ist ja nur eine Übung.
- Fanden Sie Ihre Antworten nicht überzeugend? Mögliche Ursache: zu hohe Ansprüche. Seien Sie nicht zu kritisch mit sich. Schauen Sie sich einzelne Techniken an und wenden Sie diese beim nächsten Mal an.
- Gefielen Ihnen manche Antworten schon ganz gut, aber andere überhaupt nicht? Eine fast ideale Ausgangsposition: Nehmen Sie sich gezielt die Situationen vor, mit denen Sie noch nicht so gut zurechtgekommen sind.

Satzbeschleuniger

Übung 5

3 min

Gute schlagfertige Antworten sind kurz. Gerade wenn Sie zu Aussagen von epischer Breite neigen, werden Sie feststellen, dass Ihre Antworten viel schlagfertiger werden, wenn Sie alles überflüssige Beiwerk weglassen. Dadurch wird der Satz schneller und bekommt mehr „Drive". Denken Sie an einen Fechtkampf. Da können Sie auch keinen Treffer landen, wenn Sie weit ausholen. Hinzukommt: Kurze Sätze sind verständlicher.
Geben Sie den folgenden Sätzen mehr Tempo, indem Sie sie auf das Wesentliche zurückstutzen.

1 „Sie meinen also, wenn Frau Jakob im nächsten Monat ihren neuen Computer bekommt, dann werden sich schon alle Probleme, unter denen wir in den letzten Wochen gelitten haben und zum Teil noch heute leiden, einfach in Luft auflösen ..."

2 „Erlauben Sie, dass ich Ihnen in diesem Punkt widerspreche, aber ich könnte mir vorstellen, dass Herr Arnold mit seinen Fähigkeiten besser im Außendienst aufgehoben wäre."

3 „Es tut mir Leid, denn sicher ist Ihr Produkt gut, aber ich habe wirklich momentan kein Interesse an Ihrem Angebot."

Lösungstipp

Streichen Sie die Sätze radikal zusammen.

Lösung

Lassen Sie die Füllwörter weg. Und verzichten Sie auf alle Informationen, die Ihre Zuhörer schon kennen. Wenn vom neuen Computer für Frau Jakob die Rede ist, brauchen Sie nicht noch einmal zu erzählen, dass er im nächsten Monat einsatzbereit sein soll. Auch Höflichkeitsfloskeln und Relativierungen wirken sich bremsend aus. Unsere Vorschläge zur Verknappung:

1. „Sie meinen, es liegt alles am Computer."
2. „Warum versetzen Sie Herrn Arnold nicht in den Außendienst?"
3. „Danke, ich möchte nicht."

Praxistipp

Wir wollen nicht behaupten, dass bestimmte Floskeln und Relativierungen generell überflüssig sind. Sie können durchaus ihren Sinn haben, etwa als „soziales Schmiermittel" oder um den eigenen Standpunkt besser abzuschattieren. Nur sollten Sie wissen: Ihre Antwort bekommt wesentlich mehr Schlagkraft, wenn sie kurz ist.

Die hohe Kunst der Schlagfertigkeit

Frotzeln wie die Profis

Übung 49
3 min

Wenn sich zwei schlagfertige Menschen foppen, sich gegenseitig „anfrotzeln", dann ist es häufig ein Vergnügen ihnen zuzuhören. Beim Frotzeln geht es darum, den andern scherzhaft anzugreifen und/oder sich selbst als Bild der Vollkommenheit zu präsentieren. Wie würden Sie auf die folgenden Frotzeleien reagieren?

1 „Das ist eben dein Problem: Dass du nie genau das machst, was ich dir sage!"

2 „Wieso musst du eigentlich in jeden Spiegel reinschauen? Dadurch wird dein Gesicht auch nicht schöner."

3 „Bist du wieder beim Chef gewesen, um dich einzuschleimen, während ich hier die ganze Arbeit erledige?"

4 „Nicht jeder betrachtet es als sein Lebensziel, der Beau / die Diva der Abteilung zu sein. Also, ich halte mich nicht für so unwiderstehlich / so außergewöhnlich wie du."

Lösungstipps

- Überzeichnen Sie. Wählen Sie Ihren Gegenangriff lieber drei Nummern zu groß, als das Risiko einzugehen, dass der andere Ihren Scherz nicht als solchen erkennt – und in den falschen Hals bekommt.
- Eleganter wirkt es, wenn Sie den maßlosen Angriff nicht zurückweisen, sondern akzeptieren und überbieten.

Lösung

Unsere Vorschläge:

1 „Wieso sollte ich das tun? Ich brauche mir doch nur dich anzuschauen, um zu wissen, in welche Abgründe deine guten Ratschläge führen."

2 „Das stimmt, aber ich kontrolliere ja auch nur nach, ob ich nicht so furchtbar aussehe wie du."

3 „Schleimen beim Chef ist bestimmt anstrengender als hier in aller Ruhe seine Arbeit zu machen – vor allem wenn man noch für dich mitschleimen muss."

4 „Na ja, wo du Recht hast, hast du Recht."

Praxistipps

- Wer gut frotzeln kann, der hat nicht nur seinen Spaß, er erwirbt sich auch Anerkennung bei den andern – nicht nur als talentierter Unterhalter.
- Sie sollten jedoch nur solche Mitmenschen „anfrotzeln", die diesen Spaß verstehen, und die Sie schätzen. Frotzeln ist nämlich ein Ausdruck der Wertschätzung. Ansonsten bringen Sie Ihre Anerkennung lieber auf konventionelle Weise zum Ausdruck.
- Frotzeln liegt nicht jedem. Wenn Sie keinen Sinn dafür haben, lassen Sie lieber die Finger davon.

Verwenden Sie einprägsame Strukturen

Übung 50
3 min

Schlagfertige Antworten sind übersichtlich aufgebaut. Das erleichtert das Verständnis und erhöht die Wirkung. Um solche einprägsame Strukturen aufzubauen, gibt es eine ganze Reihe bewährter „Baupläne“:

- These – Antithese, z. B.: „Sie sagen, dass ..., ich sage aber ...“
- These – Antithese – Synthese, z. B.: „Einerseits ... andererseits ..., wobei ich meine, dass ...“
- Grund – Folge, z. B.: „Weil Sie Ihren Mitarbeitern misstrauen, misstrauen die Mitarbeiter auch Ihnen.“
- Bedingung – Folge, z. B.: „Wenn Sie Ihren Mitarbeitern vertrauen, dann vertrauen die Mitarbeiter auch Ihnen.“
- Wiederholung der Kernaussage, z. B.: „Ohne Vertrauen geht es nicht. Sie werden immer wieder diese Erfahrung machen: Ohne Vertrauen geht es nicht.“

Mithilfe dieser Satzbaupläne sollte es Ihnen gelingen, auf die folgenden Kommentare jeweils zwei gut strukturierte Antworten zu finden.

1. „Ich finde Herrn Schmidt schrecklich arrogant.“
2. „Hören Sie auf, hier alles durcheinander zu bringen.“
3. „Haben Sie bei Ihrem Beruf eigentlich keine Gewissensbisse?“

Lösung

Auf die inhaltliche Ausgestaltung Ihrer Antworten kommt es hier nicht so sehr an; da sind Sie relativ frei. Hauptsache, Sie haben die Formen richtig gehandhabt.

1 „Sie sagen, Herr Schmidt ist arrogant. Ich sage, der Mann kennt seinen Wert." (These – Antithese). Oder: „Sie finden Herrn Schmidt schrecklich arrogant, Herr Moser hält ihn für unsern besten Mitarbeiter, ich meine, er ist einfach zielstrebig." (These – Antithese – Synthese).

2 „Wenn ich nicht hin und wieder für etwas Wirbel sorge, tut sich doch gar nichts in dieser Abteilung." (Bedingung – Folge). Oder: „Chaos macht erfinderisch. Sie mögen das anders sehen, aber Chaos macht erfinderisch." (Wiederholung der Kernaussage).

3 „Weil ich zum Nutzen meiner Kunden tätig bin, brauche ich keine Gewissensbisse zu haben." (Grund – Folge). „Wenn ich Gewissensbisse hätte, würde ich diesen Beruf bestimmt nicht so gerne ausüben." (Bedingung – Folge).

Praxistipp

Es gibt noch eine ganze Reihe weiterer „Satzbaupläne", die Ihnen helfen können, Ihre Aussage zu strukturieren, z. B. „Wer das und das tut, der darf/muss auch dieses und jenes tun", oder: „Zwar ist es so und so, doch spricht das nicht gegen dieses und jenes."

Entwickeln Sie Ihr individuelles Trainingsprogramm

Übung 51
30 min

Das Handwerkszeug haben Sie jetzt im Wesentlichen kennen gelernt. Um Ihre Schlagfertigkeit weiter zu verbessern, sollten Sie nun darangehen, Ihr persönliches Trainingsprogramm zusammenzustellen. Dabei geht es um zwei Dinge:

- Entwickeln Sie Ihren persönlichen Stil. Übernehmen Sie keine Sprüche oder schlagfertigen Antworten von andern, finden Sie Ihre eigene Art.
- Üben Sie ganz gezielt an den Situationen, mit denen Sie hauptsächlich zu tun haben, am Arbeitsplatz, im Freundeskreis, in der Öffentlichkeit.

Denken Sie darüber nach, auf welche Weise Sie das am besten erreichen können und stellen Sie einen Trainingsplan auf.

Lösungstipp

Überlegen Sie, welche Techniken Ihnen am meisten zusagen und was Ihnen weniger gefallen hat. Trainieren Sie das, von dem Sie glauben, dass es Ihnen am ehesten liegt. So hat es keinen Sinn, „absurdes Theater" oder „Frotzeln" zu üben, wenn Sie dazu keinen Zugang haben und es Ihnen keinen Spaß macht.

Lösung

Die Lösung ist individuell verschieden. Abschließend aber ein paar Hinweise, wie ein Trainingsprogramm aussehen könnte.

- Ein hilfreiches Trainingsgerät ist ein Aufnahmegerät (Kassettenrekorder, Minidisc o. Ä.). Nehmen Sie viele verschiedene Angriffe auf – so wie Sie es auf unserer CD finden. Nach jedem Angriff lassen Sie zehn bis zwölf Sekunden Pause für Ihre Antwort. Ausgangspunkt für diese Angriffe sollten die Ergebnisse der Übungen 8 und 9 sein: typische Situationen, in die Sie geraten können, und Angriffe auf Ihre „Schwachpunkte".
- Trainieren Sie regelmäßig. Nehmen Sie sich eine Aufnahme mehrmals vor, geben Sie unterschiedliche Antworten.
- Nehmen Sie Ihre Antworten auch einmal auf und hören Sie das Band ab. Wie klingt Ihre Stimme? Welche Antworten klingen überzeugend und warum?
- Sie können Ihre Schlagfertigkeit spielerisch auch im Internet verbessern. Melden Sie sich einfach in einem Chat an, nach Möglichkeit bei einem ohne vorgegebenes Thema. Im Cyberspace können Sie gefahrlos herumfrotzeln. Aber übertreiben Sie es nicht, sonst chattet niemand mehr mit Ihnen.
- Das beste Training ist die Praxis, das reale Leben. Trauen Sie sich ruhig etwas. Mit ein klein wenig Frechheit geht vieles leichter. Und wenn Sie merken, dass Sie zu weit gegangen sind, dann sollten Sie sich entschuldigen. Das ist allemal besser, als wenn Sie jemanden bloßstellen.

Stichwortverzeichnis

Der Autor

Dr. Matthias Nöllke,

arbeitet als Journalist und Autor in München (Textbüro Nöllke, E-Mail: textbuero.noellke@t-online). Er ist für den Bayerischen Rundfunk, zahlreiche Verlage und Unternehmen tätig. Zum Thema „Schlagfertigkeit" hat er zwei weitere Titel bei Haufe publiziert: den TaschenGuide „Schlagfertigkeit" und „Schlagfertigkeit. Das Trainingsbuch."

Die Haufe Akademie

bietet Seminare zum Thema Schlagfertigkeit an: Mehr Informationen erhalten Sie unter www.haufe-akademie.de oder Tel. 0761/4708-811.

Systemvoraussetzungen für die CD-ROM

PC mit Pentium Prozessor, mind. 133 MHz; 64 MB Arbeitsspeicher; mind. 100 MB Festplattenspeicher; CD-ROM-Laufwerk; Betriebssystem Windows 95/98/2000/NT/XP; **Software zum Abspielen von wav-dateien, z. B. Windows Media Player, Real Player oder Quick Time Player; Soundkarte, Lautsprecher**

Bitte beachten Sie: Die CD-ROM ist **nur** in einem Computer zu verwenden. Sie ist **nicht** geeignet für den CD-Player einer Musikanlage.

So installieren Sie die CD-ROM:

- Legen Sie die CD-ROM in das Laufwerk Ihres PCs.
- Wählen Sie über das START-Menü den Punkt „Ausführen".
- Geben Sie im „X:/setup" ein (wobei X der Buchstabe Ihres CD-ROM-Laufwerks ist) und bestätigen Sie die Eingabetaste.
- Die Installation wird gestartet. Folgen Sie einfach der Anleitung des Programms.